Nicolas Lenglet Du Fresnoy

Kurzverfassete Kinder Geographie

In achtundvierzig Lektionen eingetheilet, und mit benötigten Charten

versehen. In französischer Sprache ausgefertiget durch den Herrn Abt

Lenglet du Fresnoy

Nicolas Lenglet Du Fresnoy

Kurzverfassete Kinder Geographie
In achtundvierzig Lektionen eingetheilet, und mit benötigten Charten versehen. In französischer Sprache ausgefertiget durch den Herrn Abt Lenglet du Fresnoy

ISBN/EAN: 9783337413408

Hergestellt in Europa, USA, Kanada, Australien, Japan

Cover: Foto ©ninafisch / pixelio.de

Weitere Bücher finden Sie auf **www.hansebooks.com**

Kurzverfassete

Kinder
Geographie,

in

acht und vierzig Lectionen

eingetheilet,

und mit

benöthigten Charten

versehen.

In französischer Sprache ausgefertiget

durch

den Herrn Abt Lenglet du Fresnoy,

und

zum Nutzen der Jugend

in die teutsche übersetzet,

nunmehr aber von neuem übersehen, in vielen Stücken deutlicher
gemachet, mit nicht wenigen nützlichen Zusätzen vermehret,

und insonderheit

zum Gebrauch für Teutsche

eingerichtet.

Fünfte, um vieles verbesserte, und vermehrte, Auflage.

Mit allergnädigster Freiheit.

Nürnberg,
bei George Peter Monath, 1764.

Vorrede.

Geneigter Leser.

Wie beliebt diese Kinder-Geographie, so bald sie nur das erstemal das Licht erblicket, sowol in Frankreich als allenthalben, gewesen, ist eine dermassen bekante Sache, daß unnöthig einige Worte davon zu machen. Man hat daher für nöthlich gehalten, dieselbe vor verschiedenen Jahren unsern Landeskindern in ihrer Teutschen Muttersprache in die Hände zu geben, und zeuget von der guten Aufnahm, auch dieser Uebersetzung, der geschwinde Abgang, welcher zu einer neuen Auflage gar bald Gelegenheit gegeben. Gleichwol haben dabey viele Liebhaber gewünschet, es möchten hin und wieder verschiedene Dinge, zu besserer Vollständigkeit, beygefüget, einiges aber, wegen der Deutlichkeit, besser ausgeführet werden: und insonderheit hat man sich, als in einem nun Teutschen Buch, an der Weitläuftigkeit bey Frankreich, und hingegen der mit andern Ländern accordirenden kurtzen Abfertigung unsers Vaterlandes, gestossen. Es ist demnach gesorget worden, solchem Verlangen bestmöglichstes Genügen zu thun, und die neue Auflage in allen Stücken noch nützlicher und angenehmer zu machen. Man hat erstlich gantz neue grosse Land-Charten, sowol mehrere Orte darein zu bringen, als der Jugend die Länder und Gräntzen deutlicher vor Augen zu legen, und darunter insonderheit Italien, so beede vorher abgegangen, verfertiget. Eben dieses ist die Ursache zu Erwählung des grossen Formates: damit nemlich gedachte Charten darein bequemlich, und ohne Brüche, können gebunden werden. Die Vermehrung, so hin und wieder geschehen, giebt der Augenschein. Vornemlich, da der Autor in seiner Vorrede selbst gemeldet, wie er das Werklein auch für Erwachsene geschrieben, hat man sich vorgenommen, zugleich diesen, wenn sie in ihrer Jugend versäumet worden, oder solchen Kindern, welche nach und nach für sich etwas zu thun anfangen, ja selbst den geringsten, von denen nur hie die Rede, in Ansehung der eigenen Repetition, dadurch zu dienen, daß man nicht, wie in dem Frantzösischen Exemplar geschehen, die Lage der Städte und Länder mit Stillschweigen übergangen, und alles auf die mündliche Anweisung eines Lehrmeisters ankommen lassen, sondern die gedachte Lage, Gräntzen, und andere einen Platz finden zu können vortheilhafte Umstände, darzu gesetzet: und zwar das um so vielmehr bey den Ländern welche am meisten vorkommen: da es hingegen bey den Barbarischen Völkern, auser Europa, gemeiniglich bey der auctore geblieben: als woselbst dieser an sich zimmlich weitläuftig, mancher special Umstand aber noch ungewiß und erst einer Untersuchung unterworfen ist. Solcher Gestalt sind nun, bey dem Gebrauch dieses Werkleins, junge oder ungeübte Personen in dem Stand sich allein, ohne weitere Anführung, zu helfen, und einen Grund, woraus man ferner diese Wissenschaft gebauet werden kan, zu legen. Sodenn ist die Veränderung zu Schulden gekommen, daß man dir Ehre einer besondern weitläuftigen Ausführung, welche der Autor seinem Vaterland erwiesen, billig unserm Teutschland, woran uns auch am meisten gelegen, zugewendet, und hingegen diejenige von Frankreich in die bey andern merkwürdigen Königreichen und Staaten gewöhnlichen Gräntzen eingeschlossen. Eben dieses, um die Repetitionen zu End der Wochen nicht an ungeschickte Orte zu bringen, hat die andere Veränderung, das ist Vor- oder Nachsetzung weniger Lectionen, in ihrer Ordnung, verursachet. Was ferner die anscheinende Verlängerung etlicher Lectionen, ja selbst Fragen, betrifft, so aber meistentheils nicht auf die zusammen gehäuften Materien, da bey dem auctore selbst oft eben so viele Namen der Plätze in einer Frage befindlich, sondern der, wegen der Drutlichkeit extendirten, Ausführung, beruhet, dadurch also der gesuchte Endzweck mehr erhalten als verlohren wird; so halte ich nicht nöthig mich, sowol dabey, als bey der Entschuldigung weniger eingelauffener bekanter Kunstworte, und noch einigen solchen Umständen, aufzuhalten, sondern, statt dessen, da es zur andern, dritten, vierten, und nunmehr auch fünften, Auflage gekommen, von allen zu erinnern, daß es damit, was die Einrichtung betrift, und auch sonst haubtsächlich, bey der ersten gelassen, jedoch, wie der Augenschein, und die Gegenhaltung weisen, selbst gern wird, nicht weniges geändert, verbessert, und vermehret, auch die Veränderungen, so inzwischen durch Kriege und Frieden vorgefallen, darzu gesetzet worden. Vornemlich kommet eine bessere Ausführung bey Italien zu Schulden, und von diesem hat man auch schon das zweytemal, insonderheit wegen der damal darin geführten Krieges, eine gantz neue Land-Charte beygefüget. Doch muß ich freylich bey dieser, gleichwie bey den übrigen Charten, entschuldigen, wenn nicht alle diejenigen Orte welche der Leser suchet, auch nicht einmal alle diejenige welche in dem Buch stehen, darin zu finden. Jeder verständiger Mensch siehet, daß solches die Nothwendigkeit, und der enge Platz, nicht anders zugelassen. Es ist aber in der Beschreibung der Lage der Plätze so deutlich angezeiget, daß man auch aus den benachbarten, welche angezeiget sind, leicht schliessen kan, wo diejenigen so mangeln hingehören. Und dieses ist am meisten bey den kleinen Abtheilungen der Districte zu merken, welche nur an den Puncten oder Gräntzen, übrigens aber ihren Haubtstädten, so ohnehin gar oft gleichen Namen führen, zu erkennen sind. Zum Schluß wünsche auch diesesmal, daß der Nutzen bey dem Gebrauch dieses Werkleins so gut seyn möge, als der Willen solches demselben gemäß einzurichten gewesen.

Vor-

Vorbericht des Autors.

Man hat sich schon lang nach einer Kinder Geographie gesehnet. So viel deren noch bißher zum Vorschein gekommen, war keine darunter nach gemeinem Begrif eingerichtet, weil sie entweder allzuweitläufig, oder in einer Ordnung verfasset waren, die mit dem Gedächtnis nicht übereinstimmete. Man fiel öfters mit solchen Kleinigkeiten beschwehrlich die man nicht begreifen kunte, oder setzte der Einbildung, die sich gar leicht verirret, gar kein Ziel noch Gränze.

Die Kinder sind gemeiniglich besser mit dem Gedächtnis, als mit dem Judicio, daran: und so mus man sich jenes bedienen, um ihnen dieses beyzubringen. Dessen habe ich mich in diesem Compendio beflissen. Ich habe wahrgenommen, daß das Gedächtnis der Kinder durch eine deutliche kurze Frage determiniret wird, als welche ihnen die Antwort gleichsam an die Hand giebet. Ich habe aber beedes so eingeleitet, daß die Einfalt und Kürze der Frage ihnen ein Licht giebet, ohne daß sie durch ein allzulanges dunkeles Wesen geblendet werden, worüber ihnen der Hauptpunct, den man ihnen beybringen will, aus den Augen kommet. So habe ich auch die Antwort so gestellet, daß auch das schlechteste Gedächtnis damit zurecht kommen kan: da doch diejenige, die ein besseres Gedächtnis haben, schon ein Genügen, und eine satsame Nahrung darin finden werden. Ich habe zwischen der allzugrosen Kürze und allzugrosen Weitläufigkeit die Mittelstrasse gehalten.

Ich darf auch wohl sagen, daß dieses kleine Compendium vielen ältern Personen nicht undienlich seyn würde, welche, da es ihnen an einer guten Auferziehung nicht fehlet, nichts destoweniger auch in den ersten Gründen einer nöthigen Wissenschaft, welche wenig Fleis erfordert, und mehr an den Augen, und an dem Gedächtnis, als an dem Judicio, gelegen ist, ganz unerfahren sind. Ich habe besonders in den letzten Jahren die Nothwendigkeit davon eingesehen. Jederman redet vom Krieg, und diejenige so in Gesellschaft, ohne die Charte zu verstehen, davon reden wollen, verrathen ihre Nachlässigkeit in einer so leichten Sache. Was mag man wol von einer Mannes oder Frauensperson denken, welche sonst wol unterrichtet ist, wenn man sie fragen höret, ob die Provinz Bretaigne nicht der kürzeste Weg nach Polen ist?

Wie wenig man Lust zum lernen hat; wird man in diesem Compendio alles, was zum gemeinen Gebrauch in der Welt nöthig ist, beysammen finden. Ich will auch das junge Frauenzimmer davon nicht ausgenommen haben, welche, in weniger denn der Wochen, solche Gründe wol ten fassen können, die da nicht wissen zum öftern eine Schande ist.

Ich habe eine jede Lection so eingerichtet, daß auch das ungewisseste Gedächtnis ohngefähr in einer halben Stunde selbige fassen kan. Die Kunstwörter habe ich vermieden, auch diejenigen ausgelassen die einige Erläuterung erfordert hätten. Kurz, alles, was nur einer Deutlichkeit sähig war, habe ich ganz deutlich vorgestellet.

Dieses Compendium ist eigentlich nur ein Auszug von der sogenannten Methode pour etudier la Geographie, die Anno 1719. in vier Theilen in 12. an das Licht gestellet, und welche ich von neuem verbessert, geändert, und ansehnlich vermehret, heraus gebe. Gedachte Methode ist auch ein Commentarius zu diesem Compendio.

Beede sind in einerley Ordnung verfasset. Der Lernende bedarf nur der Kinder-Geographie, und diese kan der Lehrende vermittels der Methode, so bey eben den vorigen Werk gern von neuem aufgeleget wird, erklären. Es mus aber der Lehrende wohl Acht geben, daß er die Geographische Lection niemals repetiren lasse, ohne dem Lernenden den Ort, davon die Rede ist, auf der Charte zu zeigen, und sich von ihm wieder zeigen zu lassen, denn dadurch wird die Einbildung der Kinder allein vest gestellet.

Kurz.

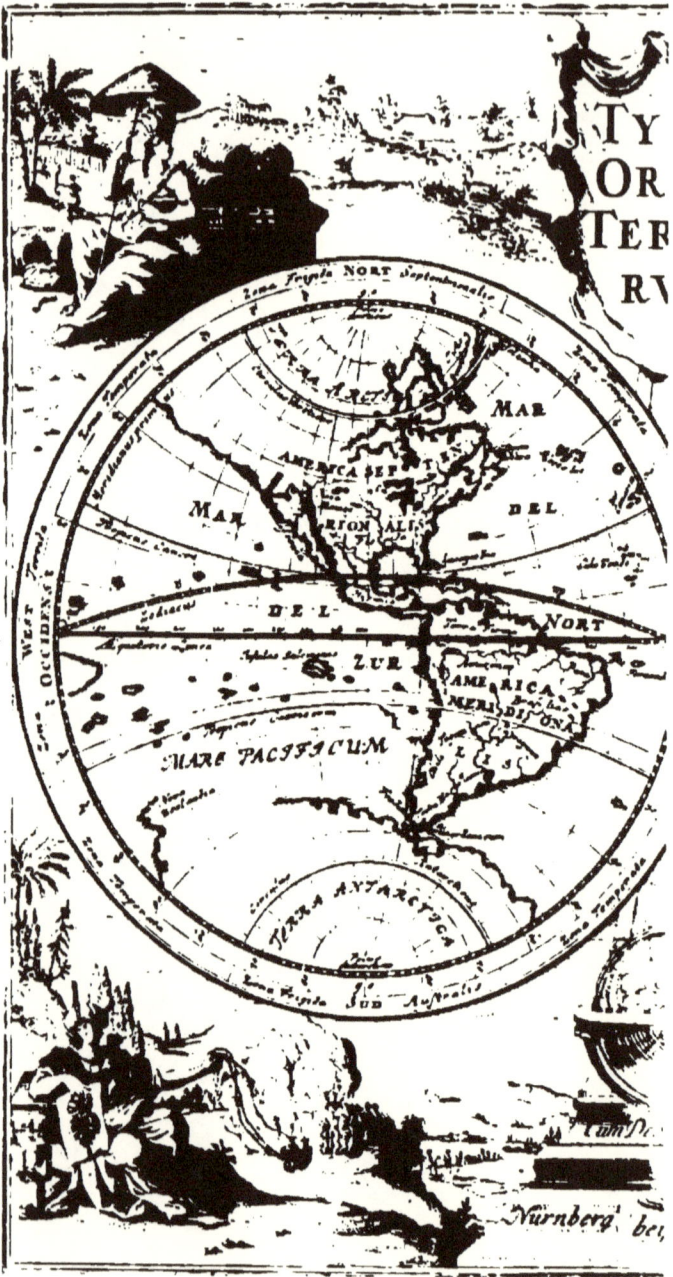

Kurzgefaßte
Kinder Geographie.

Erste Lection.
Von der Welt Kugel überhaubt.

Frag: Was ist die Geographie?

Antw. Die Geographie ist die Beschreibung der Welt Kugel, oder die Eintheilung der Oberfläche der Erde in verschiedene Theile.

Warum heiset es die Oberfläche?

Die Welt ist eine runde Kugel, und also wohnen die Menschen rings herum auf selbiger, oder ihrer Ober Fläche. Dieses fället bey einem rechten globo deutlich genug in die Augen: auf der Land Charte vom globo aber mus man sich einbilden, daß solche Kugel in zwey Theile geschnitten vor uns liege.

Wie gros ist diese Welt Kugel?

Wenn man sie rings herum, wie die Mathematici pflegen, abmisset und ausrechnet, oder auch würklich umreiset; so hat sie, wie jeder Circul, 360. Grade, ein Grad aber 15. Meilen, mithin in allem 5400. Teutsche Meilen.

Welche sind die Theile der Welt Kugel?

Nach der natürlichen Eintheilung vornemlich zwey, nemlich Erde und Wasser.

Wie wird das Wasser eingetheilet?

In fließendes, als die Flüsse und Bäche, so süs sind, und stehendes. Das letztere gehet entweder um die ganze Welt herum, und heiset das Meer, Oceanus, oder es ist in einem Land eingeschlossen, und heiset eine See: jenes ist gesalzen, dieses ordentlich süs.

Haben die Wasser nicht ihre besondere Namen?

Die Flüsse und Seen kommen bey jedem Land vor: das Meer befindet sich entweder bey der sogenannten alten Welt, oder bey der neuen Welt. Bey der alten Welt heiset es gegen Mitternacht, über Norwegen, Mare septemtrionale oder glaciale, (Oceanus septemtrionalis) das Eismeer, gegen Mittag, unter Africa, Mare meridionale oder Aethiopicum, gegen Morgen, hinter Indien, Mare orientale oder Indicum, und gegen Abend, über Frankreich, Spanien, und Portugal, hinaus, Mare occidentale oder Atlanticum: über welches noch insonderheit das mittelländische Meer, Mare mediterraneum, nemlich derjenige Theil des grosen Welt Meeres so zwischen Europa, Asia, und Africa, fliesset, zu merken ist. Bey der sogenanten neuen Welt, oder America, heiset das Meer zur Rechten, gegen Europa und Africa zu, Mar del Nort, Mare septemtrionale; das auf der andern Seite, Mar del Zur, oder Mare pacificum.

Welches ist die andere Eintheilung der Welt Kugel?

Die Mathematische: wobey wir uns weiter nicht aufhalten, als daß wir, unter vielen, nur drey Linien, und zwey Puncte, merken. Jene sind 1. der Meridianus primus, der grose Circul so auf der Land Charte um die zwey Theile der Erdkugel herum gehet, und beyde polos durchschneidet, 2. der Aequator, die Mittags Linie, welche über Oueer von Morgen gegen Abend gehet, 3. der Zodiacus oder Thier Creis, worin die Sonne laufet: dieser gehöret zwar mehr zu dem Himmels globo, ist aber auch auf der Land Charte zu sehen, da er den Aequatorem schräg durchschneidet. Die Puncte sind die zwey poli. Der obere über Norwegen heiset Polus Arcticus, und der untere gegen über Polus Antarcticus.

Hat man sonst nichts, so zu dieser Eintheilung gehöret, zu merken?

Die sogenanten vier plagas, oder Seiten der Welt. Wo die Sonne aufgehet, auf der Land Charte zur Rechten, (nemlich des Menschen so davor stehet) heiset es der Aufgang, Oriens, Ost: wo sie untergehet, zur Linken, der Untergang, Occidens, West: wo es am weitesten von der Sonne entfernet, als auf der Land Charte oben bey dem Polo Arctico, Mitternacht, Septemtrio, Nord: und dagegen unten, auf den Leib zu, Mittag, Meridies, Sud.

Welches ist die dritte Eintheilung, nemlich des Landes selbst auf der Oberfläche der Weltkugel?

Die politische, in Länder, Königreiche, und Staaten: wobey denn zu erst die vier Haubttheile der Welt vorkommen: Europa, Asia, Africa und America: dazu man noch die meistens unbekanten Lande, unter dem Nord-Pol, Polo Arctico, und unter dem Sud-Pol, Polo Antarctico, als besondere Theile, zählet.

Wie liegen diese Welt Theile?

Europa lieget oben gegen Mitternacht, Asia zur Rechten gegen Morgen, Africa unten gegen Mittag, America zur Linken gegen Abend.

Sind diese Theile jederzeit bekant gewesen?

Nein: den Alten waren nur die drey ersten bekant, auch nicht einmal völlig entdecket, nemlich Europa, Asia und Africa: daher nennet man sie auch gemeiniglich die alte Welt, oder das alte Land.

Wie wird America sonst genennet?

Man nennet es die neue Welt, weil es in den letzten Jahrhunderten entdecket worden: oder auch West Indien, weil es gegen Abend, das andere alte Indien aber gegen Morgen, lieget.

Was für ein Theil der Welt ist am ersten bewohnet worden?

Asia: woselbst das Paradis gestanden, darein der Mensch gleich nach der Erschaffung gesetzet worden. Dieser Welt-Theil ist auch darum der berühmteste, weil in selbigem der Heiland der Welt gebohren worden, und das Geheimnis der Erlösung gewürket.

Welcher Theil der Welt ist nunmehr der berühmteste?

Europa: so wol in Ansehung der gelinden Sitten, nebst den blühenden Künsten und Wissenschaften, als auch der Regirung, und der weisesten Gesetze, so darin im Schwang gehen: wie nicht weniger, weil es meistentheils von Christen, nur die Europäische Türkey ausgenommen, bewohnet ist.

Haben die übrigen Theile der Welt diese Vortheile nicht?

Die Christliche Religion ist allda an den wenigsten Orten zu Haus: Asiens äusere Länder gegen Morgen werden weislicher regiret als die gegen Westen: der größte Theil von Africa ist in einem barbarischen Wesen verblieben: und wenn man in America die Lande ausnimmet welche von Europäischen Völkern bewohnet sind, so hat der ganze Rest noch immerdar genug wildes an sich.

Zweyte Lection.

Von Europa.

Frage: welche sind die Gränzen von Europa?

Antw. Europa lieget gegen Mitternacht an dem Eismeer, gegen Morgen stößet es an die Asiatischen Russischen Länder, den Fluß Tanais, und das schwarze Meer, auch den sogenanten Archipelagum, gegen Mittag an das Mittelländische Meer, und gegen Abend an das große Welt-Meer, mare Atlanticum.

Wie

EPTENTRIONALIS

MARE BALTICUM

RVS

SMO

MOSCOVIA

PODOL

CIRCASSIA

GEOR

HUNGARIA

PONTUS EUXINUS

ARMENI

ASIA

MINOR

MEDITERRANEUM

bey Pet. Conr. Monath.

Wie viel der vornemsten Staaten sind in Europa?

Sechzehn, worunter sechs gegen Mitternacht, fünf in der Mitte, und fünf gegen Mittag, liegen.

Welche Staaten liegen gegen Mitternacht?

Die Britannischen Insuln, Dänemark, Norwegen, worzu man Jßland rechnet, Schweden, Moscau, und Polen, dabey Preußen mit vorkommet.

Welche Staaten liegen mitten in Europa?

Teutschland, Frankreich, die Schweiz, die Niederlande, Böhmen, und Ungarn, so beede zusammen gerechnet werden.

Welche Staaten liegen in Europa gegen Mittag?

Spanien, Portugal, Italien (welches zwar nicht so wol ein Staat zu nennen ist, als ein Land worin verschiedene Staaten liegen) die Europäische Türkey, und die kleine Tartarey.

Werden alle diese Staaten auf einerley Art regiret?

Bey weitem nicht. Einige sind Monarchien, andere sind Republiquen, die übrigen haben eine vermischte Regirungs Form.

Was ist denn eine Monarchie?

Die Monarchie ist ein Staat in welchem die oberste Gewalt einem einigen zu Theil wird, welcher, entweder selbst, oder durch seine Ministres, regiret, wie in Frankreich, Spanien, Portugal, und Dänemark.

Was verstehet ihr durch eine Republic?

Die Republic ist ein Staat da die oberste Gewalt vielen Gliedern anvertrauet wird, welche dazu erwählet werden daß sie die andern regiren sollen, als Venedig, die vereinigten Niederlande, die Schweiz.

Was ist denn eine vermischte Regirungs Form eigentlich?

Eine solche Verwaltung der obersten Gewalt so durch die Gesetze, oder Stände, eingeschränkt, und gemäßiget ist: wie das Heil. Römische Reich Teutscher Nation, Polen, Engelland, und nunmehr wieder Schweden.

Was für eine Religion ist in Europa?

Mehrentheils die Christliche, bis auf die Europäische Türkey und Tartarey. Doch wird auch die Christliche wieder hauptsächlich in die Catholische, Evangelische, und Reformirte, auch Griechische, eingetheilt.

In welchen Staaten und Ländern blühet die Catholische Religion?

Durchgehends in Portugal, Spanien, Frankreich, und Italien, auch Polen, Ungarn, und Böhmen: wiewol in den letztern auch die Protestanten toleriret, und nennlich in Polen die Dißidenten genennet werden.

In welchen blühet die Evangelische Religion?

In Schweden und Dänemark.

In welchen die Reformirte?

Vornemlich in Engelland und Holland.

Was ist in Teutschland für eine Religion?

Die gedachten drey Christlichen Haubt Religionen, die Catholische, Evangelische, und Reformirte, sind durch die Reichs Gesetze recipiret, und wohnen fast in allen Creisen untereinander: daher wir solche an ihrem Ort anzeigen werden.

Sind nicht mehr Staaten also vermenget?

Hauptsächlich die Schweiz, was die Catholische und Reformirte betrift. In den Vereinigten Niederlanden herschet zwar, dem obigen nach, die Reformirte Religion; es werden aber auch die übrigen allda gedultet: die Spanischen, nunmehr Oestreichischen, Niederlande aber sind ganz Catholisch.

Wo herschet die Griechische Religion?

In Moscau oder Rußland.

Was für eine Religion herschet in der Europäischen Türkey und Tartarey?

Die Mahomedanische. Doch wohnen allda, unter Türkischem Schutz und Botmäßigkeit, nicht wenige Christen, vornemlich Griechen.

Findet man sonst in Europa keine Religion?

Allerdings verschiedene Secten. Z. E. in Polen Socinianer, in Holland vornemlich, auch in Engelland, Quacker, Wiedertäufer, und dergleichen. Die Juden aber sind fast durch alle Länder ausgestreuet.

Wie weit und breit erstrecket sich Europa?

Von dem Nordischen Vorgebürgen, biß an die äusersten Gränzen von Italien, und Spanien, hält Europa ohngefehr sieben hundert Französische Meilen, und von Westen gegen Osten ohngefähr tausend und funfzig, wenn man nemlich von dem Capo Finisterrä in Spanien an biß an den Tanais rechnet.

Dritte Lection.

Fortsetzung von Europa.

Frage. Welche sind die Haubt-Städte der Nordischen Staaten?

Antw. London ist die Haubt-Stadt in Engelland, Coppenhagen in Dänemark, Bergen, oder Christiania, in Norwegen, Stockholm in Schweden, Moscau, oder nunmehr Petersburg, in Rußland oder Moscau, Cracau in Polen, wiewol die Könige in Warschau residiren, und Königsberg in Preußen.

Welche sind die Haubt-Städte in den Mittelstaaten von Europa?

Paris in Frankreich, Prag in Böhmen, und Ofen in Ungarn.

Warum zeiget ihr die Haube Stadt in Teutschland nicht an?

Weil in Teutschland, welches ein aus vielen grosen independenten Fürstentümmern bestehendes Reich ist, ein jeder besonderer Staat seine Haubt Stadt hat, und man nicht eigentlich sagen kan welche die Haubt Stadt in ganz Teutschland sey. Doch ist Wien bißher lange Zeit die Kaiserliche Residenz gewesen, und auch wieder von neuem worden.

Haben die Niederlande auch keine Haubt Stadt?

Man kan die Haubt Stadt in den Niederlanden auch nicht eigentlich anzeigen: denn da sie aus verschiedenen Repubuquen bestehen, die unterschiedenen Herrschaften unterworfen sind; so hat eine jede Republic ihre Haubtstadt: doch ist Amsterdam am berühmtesten, und Haag ist zu den Versamlungen der General Staaten bestimmet. In den Oestreichischen Niederlanden aber bedeutet Brüssel die Haubtstadt.

Welche sind die Haubt Städte der gegen Mittag in Europa gelegenen Staaten?

Madrit in Spanien, Lisbona in Portugal, Rom in Italien, Constantinopel in dem Türkischen Reich, und Bacha Serai, oder Baciesarai, in der kleinen Tartarey.

Welche

Welche sind die ansehnlichsten Insuln in Europa?

Groß Britannien, Irrland, und Island, in dem grosen Oceano: Sicilien, Sardinien, Corsica, Malta, Majorca, Minorca, Candia, Corfu, und der Archipelagus, oder vielmehr die darinn gelegene Insuln, in dem Mittelländischen Meer. Wozu noch insonderheit die Dänischen Insuln in der Ost See gehören.

Was ist demnach eine Insul?

Ein Stück Land welches kleiner als das übrige aneinander hangende, und ganz von Wasser umflossen ist.

Giebt es nicht auch Halb Insuln?

Eine Halb Insul ist ein Land so rings herum mit Wasser umflossen ist, biß an einem Ort, da es, meistentheils nur durch einen schmalen Strich Landes, an dem vesten anhänget.

Was ist aber ein Isthmus?

Eben derselbe schmale Strich wodurch die Halb Insul an das veste Land gehenket ist.

Vierte Lection.

Fortsetzung von Europa.

Frage. Welche sind die Flüsse in Europa?

Antw. Die vornemsten sind: die Dwina, und der Tanais, in Moscau: die Donau, der Rhein, Mayn, die Weser, Elb, und Oder, in Teutschland: die Weichsel in Polen: die Thems in Engelland: die Loire, die Seine, die Rhone, und die Garonne, in Frankreich: der Ebro, Tago, und Duro, in Spanien: und der Po in Italien.

Zeiget mir die vornemsten Berge in Europa an?

Diese sind die Felices, oder Daara Field, zwischen Norwegen und Schweden: der Berg Krapack, Carpatus, oder die Carpatischen Gebürge, zwischen Polen und Ungarn: das Pyrenäische Gebürg, so Frankreich von Spanien scheidet: das Alpen Gebürg zwischen Frankreich, Teutschland, und Italien; und das Apenninische Gebürg, so sich durch ganz Italien ziehet.

Giebt es in Europa keine Feuerspeyenden Berge?

Es giebt deren verschiedene: als da sind, der Berg Hecla in Island, der Vesuvius in dem Königreich Neapolis, der Berg Aetna in Sicilien.

Welche sind die vornemsten Seen in Europa?

Der von Ladoga, und Onega, in Moscau, der Genfer See zwischen der Schweiz und Savojen, der Boden See an den Teutschen Gränzen und der Schweiz, der Czerniker See in Crain, worin man in einem Jahr, zu diversen Zeiten, Korn bauen, jagen, und fischen kan, und der Laco di Como, nebst dem Laco Maggiore, in Italien.

Was verstehet ihr nun durch eine See?

Ein See ist mitten im Land eine ziemliche Samlung, ordentlich süses, oder Salz Wassers, viel kleiner als ein Meer, aber viel gröser als ein Weiher: welche letztere durch nichts anders als kleine Seen sind.

Was giebt es in Europa für Meer Engen?

Den Sund an der Ost See zwischen Dänemark und Schonen, den Canal zwischen Frankreich und Engelland, den Pharo di Messina zwischen Neapolis und Sicilien, und die Meer Enge der Dardanellen, oder von Gallipoli, in dem Mittelländischen Meer zwischen Europa und Asien, so denn auch die Meer Enge bey Gibraltar zwischen Europa und Africa.

Was nennet man aber eine Meer-Enge?

Einen Canal zwischen zwey nicht weit von einander entfernten Ländern, welcher zweyen Meeren zur Communication dienet.

B
Fünfte

Fünfte Lection.

Von den Britannischen Insuln.

Von Gros Brittannien.

Frage. Was verstehest du durch die Brittannischen Insuln?

Antw. Diese Insuln, so in zwey grosen, und vielen kleinen, bestehen, machen ein Erbreich aus, so man heut zu Tag das Königreich Gros Brittannien nennet.

Welche sind die zwey grosen Brittannischen Insuln?

Diese sind das Königreich Gros Brittannien ins besondere, und das Königreich Irrland, so vor Zeiten von Engelland erobert worden.

Wie wird die Insul Gros Brittannien eingetheilet?

In zwey Haubt-Theile, nemlich: Engelland, und Schottland, so vor Zeiten zwey Königreiche bedeuteten, heut zu Tag aber, seit dem sie, zu Anfang des vorigen Jahrhundertes, ein Oberhaubt bekommen, und, in diesem, durch die Königin Anna, Anno 1707. gänzlich vereiniget worden, nur eines ausmachen.

In wie viel Theile wird Engelland eingetheilet?

Wiederum in zwey Theile, nemlich: Engelland an und für sich selbst, und das Herzogtumm Wallis, so gegend Abend lieget, welche zusammen 52. Land oder Grafschaften in sich begreifen.

Wie wird Engelland an sich selbst ferner eingetheilet?

In sieben, theils zimmlich grose, theils kleine, Provinzen, Shires, oder Königreiche: sintemal sie ehedem besondere Staaten ausgemacht, und damal, als sie besondere Herren gehabt, diesen Namen geführet. Hievon lieget eines gegen Norden, eines in der Mitte, zwey gegen Morgen, und drey gegen Mittag.

Welche Provinz lieget gegen Norden?

Die grose Provinz Northumberland, worin, gegen Schottland, die berühmten Herzogtümmer Northumberland und Cumberland, gegen Mittag und Morgen die Erzbischöffliche Stadt York, und gegen über auf der Abendseite Lancaster, gelegen.

Welche Provinz lieget in der Mitte?

Die allergröste, nemlich Mercia oder Middelsex (wiewol auch ein kleiner Distrikt dieses letztern Namens in Essex ist) worin die Universität Offort, an den Gränzen von Westsex, zu merken.

Welche liegen gegen Morgen?

I. Ostsex, darin die berühmte Universität Cambridge, lieget oben gegen Mitternacht: und II. Essex, so die Haubtstadt London hat, barunter gegen Mittag.

Welche sind endlich gegen Mittag?

I. Kent, worin das vornehmste Erzbistum Canterbury oder Cantelberg, auf der Ostseite: II. Sussex in der Mitte: III. Westsex, mit seiner langen Spitze, und Vorgebürg, Thelands End, gegen Abend. In dieser letzten Provinz ist der berühmte Portsmouth, und die gleich gegenüber gelegene Insul Wight, anmerkenswürdig.

Welche sind die vornemste Städte in Engelland?

London in Essex ist die Haubtstadt, so den grössten Handel treibet, und eine der grösten Städte in Europa ist. Darzu kommen von Canterbury in Kent, und York in Northumberland, als zwey Erzbistümmer, wie auch Offurt und Cambridge, als zwey Academien oder Universitäten.

Wie

Wie viel giebt es Bißthümmer in Engelland?

Man findet darin zwey Erzbißthümmer, und 25. Bißthümmer, welche alle zusammen, das einige Bißtumm auf der Insel Man ausgenommen, Siz und Stimme in dem Parlament haben.

Welche sind die vornemste Flüsse in Engelland?

Die Thems bey Londen, die Severne, so gegen Abend, unter Wallis, in das Meer, und die Trent, so gegen Morgen, unter Northumberland, in den Humber, fließt.

Welche sind die vornemsten Insuln von Engelland?

Diese sind die Insuln: Wight gegen Mittag in dem so genanten Canal, Anglesey bey Wallis, Man darüber: so denn die Sorlingischen Insuln über dem Vorgebürg Thelands end, wie auch die Insul Jersey und Garnsey, welche zwey letztern an den Cüsten der Französischen Normandie liegen.

Welche Religion hat in den Britannischen Insuln die Oberhand?

Es herschet darin die Reformirte Bischöffliche Religion, bey welcher man sich an die Lehr Säze der Genfer Reformation hält, zugleich aber viele von den Ceremonieen, und äuserlichem Wesen, der Catholischen Religion, und auch derselben Kirchen Zucht guten Theils, beybehalten. Dessen ohngeachtet sind daselbst viele ordentliche Reformirte, so daher Puritaner, oder Presbyterianer, heisen, Evangelische oder Lutheraner, besonders in Irrland Catholische, ferner Quaker, und Juden, zu finden.

Sechste Lection.
Fortsetzung der Britannischen Insuln.

Frage. Wie wird Schottland eingetheilet?

Antw. In Nord-Schottland jenseits des Tay Flusses, und Süd-Schottland disseit desselben, welche zusammen 35. Landschaften, und 2. Erzbißthümmern, und 11. Bißthümmern, in sich begreifen.

Wie ist Schottland beschaffen?

In Ansehung des Erdreichs ist Schottland bey weitem nicht so fruchtbar als Engelland: massen es einiger Orten wüst und unbewohnt ist. Die Regierung betreffend ist selbige ganz verändert. Vor diesem war es ein eigenes Königreich, durch die Vereinigung mit Engelland ist es aber im Jahr 1707. Engelland einverleibet, und mit selbigem ein gemeines Königreich, worden.

Sind auch Flüsse und Seen in Schottland?

Der Tay, der Spey, die Clyde, und der Nith, sind ansehnliche Flüsse darin: es sind aber die Seen daselbst in grösserer Anzahl.

Welche sind die vornemsten Städe in Schottland?

Edenburg ist die Haubt Stadt darin, Glascow, und St. Andrews, sind die zwey Erzbischöflichen Size im Lande.

Welche Insuln gehören zu Schottland?

Es sind deren viele, die man in drey Classen abtheilet: nemlich: die Westlichen Insuln gegen Abend, die Orcanischen gegen Mitternacht, die Schottlendischen, Schetlendischen, oder Hitlandischen, noch weiter gegen Norden.

Wie wird Irrland eingetheilet?

In 4. Haubt Theile, 1. Ulster oben gegen Mitternacht, 2. Leinster zur Rechten gegen Morgen, 3. Connaught zur Linken gegen Abend, und 4. Mounster unten gegen Mittag. Welche 32. Land oder Grafschaften, unter der geistlichen Aufsicht von vier Erzbischöffen, und 19. Bischöffen, in sich schliesen.

Zeige mir die merkwürdigsten Städte in Irrland an.

Dublin in Leinster ist die Haubtstadt: sodens kommen Armach in Ulster, Cashel in

Mounſter, und Galloway in Connaught, welche alle vier den Erzbiſchöflichen Titul
führen. Watterfort in Mounſter, und Limmerick gegen über, ſind noch zwey zimmlich
anſehnliche Städte, die eine gute Handlung treiben : über dieſe hat ſich Londonderi,
ganz oben gegen Morgen, in dem letzten Krieg gar berühmt gemachet.

Was ſind für Flüſſe in Irrland?

Es giebt deren viele, der anſehnlichſte aber iſt der Fluß Shennon, oder Shannon,
welcher in ſeinem Lauf drey Seeen, und bey dem Ausfluß einen groſen Meer-Buſen, oder
Bay, machet.

Was für eine Religion gehet in dieſen zwey Theilen im Schwang?

Die Religion iſt hier ſelbſt eben ſo beſchaffen wie in Engelland, jedoch mit dieſem Unter-
ſchied, daß in Schottland viel mehr Reformirte als Biſchöfliche, in Irrland aber viel mehr
Catholiſche als andere Glaubens Genoſſen Chriſtlichen Glaubens, befindlich.

Dieſe ſechs Lectionen ſollen eine Woche ausmachen, und des ſiebenden Tages wäre es
gut, wenn man mit denſelben eine Repetition anſtellen wolte: wobey man die Kinder fleißig anhalten ſoll, die Oerter, davon ſie reden, auf der Charte zu zeigen, nachdem man ihnen ſelbige vorher gewieſen.

Siebende Lection.

Von Dänemark.

Frage. Wie wird Dänemark eingetheilet?

Antw. Das Königreich Dänemark, ein zwar kaltes aber geſundes Land, beſtehet, gegen Abend aus dem veſten Land, und gegen Morgen aus lauter Inſuln.

Welches iſt Dänemarks veſtes Land?

Jütland gegen Mitternacht, und das Herzogtumm Schleßwig gegen Mittag, welche unter der Direction ſechs Proteſtantiſcher Biſchöffe ſtehen.

Wie wird Jütland abgetheilet?

In vier Theile, ſo nach ihren Haubtſtädten genennet werden : nemlich die Diſtricte,
von Alburg gegen Norden, von Wiburg in der Mitte, von Arhus gegen Morgen, von
Rypen gegen Abend und Mittag.

Gehöret Schleßwig auch zu dem Königreich Dänemark?

Dem Beſitz nach: ſonſt iſt es ein eigenes ſouveraines Herzogtumm, deſſen Hälfte
ehedem dem Haus Holſtein Gottorp gehörete, welche aber Dänemark in dem letzten Nordiſchen Krieg, wegen darin gebrochener Neutralität, eingenommen, und bißher, aller
Holſteiniſchen Proteſtation ungeachtet, behalten hat.

Welche ſind die Däniſchen Inſuln?

In der Oſt-See liegen Seeland, Fühnen, Langeland, Laland, Falſter, Amack, Mone,
Bornholm, nebſt einigen andern, die nicht ſo anſehnlich ſind, und einige andere in der
Nord-See.

Was für Städte ſind in Dänemark?

Die beſten Städte darin ſind Coppenhagen, die Haubtſtadt des Königreiches, welche in Seeland lieget: Helſingöhr, mit dem Schloß Croneburg, auch daſelbſt an dem
Sund: Odenſee in Fühnen: Alburg, Wiburg, Arhuſen, Rypen, die gedachten Haubt-
Städte Jütlandes: und Schleßwig, nebſt dem Schloß Gottorp dabey, auch Tönningen
ganz gegen Weſten, an den Holſteiniſchen Gränzen, in Schleßwig, welche letzte vormal
berühmte Veſtung dem König von Dänemark Gelegenheit das ganze Land einzuziehen
gegeben.

Was iſt eigentlich der Sund?

Eine Meer-Enge zwiſchen Dänemark und Schweden, ſo zur Communication zwiſchen der Nord-und Oſt-See dienet.

Von

Von Norwegen.

Was ist Norwegen?

Norwegen ist das Königreich von Europa so am weitesten gegen Norden lieget, breitet sich längst am Meer aus, und theilet sich in 4. grose Provinzen oder Gouvernemente, nemlich von Aggerhus zu unterst gegen Mittag, von Bergen gleich darüber, von Drontheim noch höher hinauf, und von Wardhus zu oberst gegen Norden, woselbst das Norwegische Lappland liegt.

Welche sind die berühmtesten Städte darin?

Christiania die jetzige Haubtstadt, wo sonst Opslo war, und Friedrichshall, das von dem Tod des Königes in Schweden berühmt, beede in Aggerhus, Stavanger daneben gegen Abend, wovon auch ein eigener District den Namen träget, Bergen, die ehemalige Haubtstadt, an der Küste, und Drontheim, beede in den benenten Districten.

Was wird noch zu Norwegen gerechnet?

Die Insuln Eisland oder Island, und Ferro. Island, so nur auf der Charte von Europa, zu oberst gegen Nord West, gesehen werden kan, theilet sich in 4. Viertel, wovon die Haubtstadt Schalot heiset. Auf der Insul Ferro liegen nur geringe Dörfer und Höfe: sie lieget zwischen Island und Schottland: es gehören aber auch viele kleine Insuln dazu: welche alle zusammen Ferro, oder Faro, heisen.

Was ist in Dänemarck für eine Religion?

Die Lutherische, so im Jahr 1539. daselbst eingeführet worden, ist die Haubt Religion im Land: darin haben sechs Bischöffe die Direction, und residiren zu Coppenhagen, zu Odensee, zu Wiburg, zu Aalburg, zu Rypen, und zu Arhusen: und so sind wenig Catholische daselbst anzutreffen.

Achte Lection.

Von Schweden.

Frage. Wie wird Schweden eingetheilet?

Antw. In sechs grose Theile, welche andere besondere Landschaften in sich fassen. Diese sechs Theile sind, Schweden an und für sich selbst zwischen Gothland und Nordland, Gothland gegen Mittag, Schonen zu unterst gehörete vor dem Olivischen Frieden 1660. nach Dänemarck, das Gouvernement von Bahus gehörete sonst zu Norwegen, die Nordischen Provinzen, oder mit einem Namen Nordland, so sich biß zu oberst an Norden erstrecken, und Finnland, auf der andern Seite des sinus Bothnici, wovon aber jetzt ein guter Theil unter Moskau stehet.

Was ist noch in Schweden zu merken?

Einige Insuln, nemlich Aland bey Stockholm, Gothland und Oeland, gegen dem Ufer von Gothland über: der Finnische und Bothnische Meer Busen, jener zwischen Finnland und Liefland, dieser zwischen Finnland und Nordland: und einige ansehnliche Städte, welche sind, Stockholm die Haubt Stadt, Upsal in Schweden, und Lunden in Schonen, so zwey Erzbißtümmer, Abbo in Finnland eine Universität, Gotteburg, Bahus, dun Calmar gegen Oeland über. Die Religion in Schweden ist Evangelisch, wie in Dänemark, unter der geistlichen Aufsicht des Erzbischoffes zu Upsal, und sieben Bischöffe.

Von Moscau.

Wie wird Moscau eingetheilet?

Am besten in die neueroberten Provinzen, und das alte Moscau,

C

Welche

Welche ſind die neuer oberten Provinzen?

I. Liefland, an den Polniſchen Gränzen über Churland, II. Ingermanland, daneben gegen Morgen, III. Ein Theil von Finnland.

Wie wird das alte Moſcau eingetheilet?

Auf vielerley Art, oft auch nur in das Land gegen Mitternacht, und in das Land gegen Mittag, welche zuſammen 34. Landſchaften in ſich begreifen, nemlich 18. gegen
Norden, und 16. gegen Mittag.

Was iſt noch in Moſcau zu mercken?

Die Stadt Moſcau, ſo die Haubt Stadt iſt, mitten in Moſcau, die Stadt Petersburg, bißher meiſtentheils die Reſidenz, ſo Czaar Peter der I. in Ingermanland angeleget, Riga in Liefland, Wiburg, und Kexholm in Finnland, Archangel, als eine gute Handel Stadt, ganz oben gegen Norden an dem Ausfluß der Dwina, Smolensko, und Kiow,
an der Polniſchen Gränze. So ſind auch darin die Seen von Ladoga, von Onega, und
Biela, nebſt den Flüſſen Wolga, Nieper, und Dwina. Die Haubt Religion iſt die
Griechiſche, unter der Aufſicht eines Patriarchen, und vieler Erzbiſchöffe.

Von Polen.

Wie wird Polen eingetheilet?

In das Königreich Polen und Großherzogtum Litthauen. Das Königreich Polen
beſtehet aus zwey und zwanzig Woywodſchaften, und das Großherzogtum Litthauen
aus neun Woywodſchaften, und ſieben Staroſteyen.

Was iſt ſonſt in Polen zu mercken?

Die anſehnlichſten Städte ſind, Cracau, als die Haubt Stadt, an den Ungariſchen
Gränzen, Warſau darüber gegen Preuſen, als die Königliche Reſidenz Stadt, Wilna,
als die Haubt Stadt in dem Großherzogtum Litthauen, Danzig in Preuſen, als eine freye
Handels Stadt unter Polniſchem Schutz, Puſen gegen Schleſien, Sendomir nicht weit
von Cracau zur Rechten, und Caminiec an der Wallachen. Die Haubt Religion in
Polen iſt die Römiſch Catholiſche, unter vielen Erzbiſchöffen und Biſchöffen, und der
vornemſte Fluß die Weichſel.

Was iſt noch bey Polen bey zu fügen?

Preuſen an dem Nordiſchen Ufer, und Churland weiter hinauf unter Liefland.

Was hat es mit Preuſen für Beſchaffenheit?

Der Weſtliche Theil davon, worin Danzig, ſtehet unter Polen: der Oſtliche, worin Königsberg die Haubt Stadt, iſt nunmehr ein ſouveraines Erb Königreich, und gehöret dem Churfürſten von Brandenburg.

Wie ſtehet es um Churland?

Es beſtehet aus zweyen Theilen, Churland ſelbſt, und Semigallen: welche beede,
jedoch unter Polniſcher Lehenherrſchaft, ein freyes Herzogtum ausmachen, das Mietau
zur Haubt Stadt, und nach vielen vorgefallenen Veränderungen, den Königlich Polniſchen, und Chur Sächſiſchen, Prinz Carl zu einem Herzog bekommen hat. Wiewol
nunmehr Moſcau den ehemaligen Herzog darüber Grafen von Biron, nachdem er aus
ſeinem Exilio zurück beruffen worden, von neuen wieder eingeführet, und mit ſeiner
Macht, aller Polniſchen Widerſprechungen ungeachtet unterſtützet.

Von Ungarn.

Wie wird Ungarn eingetheilet?

In drey Theile, nemlich: Ober Ungarn jenſeits der Donau gegen Morgen, Nieder
Ungarn dißeits der Donau gegen Abend, und Sclavonien jenſeits der Drau gegen Mittag,
welchen man das Fürſtentum Siebenbürgen gegen Morgen, und das Temeswarer Bannat
darunter, noch beyfügen kan: wie denn auch Croatien gröſten Theils, und etwas von
Dalmatien, dazu zu rechnen: welche Königreiche ſonſten unten bey der Türkey vorkommen.

Was

Was ist darin zu merken?

Die Donau, als der gröste Fluß in Europa, die Drau, und die Sau, gleichfals grose Flüsse. Die vornemsten Städte sind, Ofen, als die Haubt Stadt des Königreichs, in Nieder Ungarn, Preßburg, Gran, Großwardein, und Tockau, in Ober Ungarn, Essek, wo die Drau in die Donau fället, Temeswar, Hermanstadt die Haubtstadt in Siebenbürgen, und Belgrad die Haubtstadt in Servien, welche aber, durch den lezten, allda geschlossenen, und darnach benenneten, Frieden, wieder unter Türkische Gewalt gekommen. Die Haubt Religion darin ist die Römisch Catholische, man findet aber dabey noch viele Evangelische und Reformirte.

Von Böhmen.

Wie wird das Königreich Böhmen eingetheilet?

In Böhmen an und für sich selbst, in das Herzogtumm Schlesien, und die Markgrafschaft Mähren. Prag ist die Haubtstadt in Böhmen, Breßlau in Schlesien, und Olmütz in Mähren. Die Catholische Religion hat darin die Oberhand: es sind aber viele Evangelische und Reformirte daneben. Ubrigens soll hievon, als einer pertinenz von Teutschland, unten noch umständlicher gedacht werden.

Neunte Lection.
Von der Schweiz.

Frag. Was ist die Schweiz?

Antw. Die Schweiz ist ein aus dreyzehn Cantons bestehender Staats-Körper, wobey ein jeder Canton eine besondere Republic ausmachet, alle zusammen aber ihre Alliirten und Unterthanen haben.

Wo lieget die Schweiz?

In der Ecke zwischen Teutschland, Frankreich, und Italien. Anfänger können sie auf der Charte von Teutschland am besten mitnehmen.

Wie wird die Schweiz eingetheilet?

In die eigentliche Schweiz, so die dreyzehn Cantons in sich begreift, in die Bundesgenossen der Schweizer, in die Schweizerischen Unterthanen, und in die Unterthanen ihrer Bundsgenossen.

Zeiget uns diese Cantons an.

Solche sind die Cantons Zürch, Bern, Lucern, Schwitz, Ury, Unterwalden, Zug, Glaris, Basel, Freyburg, Salothurn, Schafhausen, und Appenzell, welche alle eine Stadt, oder Flecken, gleiches Namens zur Haubt Stadt haben, biß auf Ury, darin Altdorf, und Unterwalden, worin Stanz, dafür zu merken.

Welche sind der Schweizer Bundsgenossen:

Diese sind, der Abt von St. Gallen an dem Boden See, nebst der Stadt dieses Namens, die Graubünder an den Tyrolisch und Schwäblichen Gränzen, die Walliser gegen Savojen, der Bischoff von Basel, die Städte Mühlhausen im Sundgau, Bienne oder Biel an der Franche Comte, und Genf unten gegen Bresse, nebst den Grafschaften Neufchatel und Valengin gleich unter Bienne.

Welche sind die Schweizerischen Unterthanen?

Die Graffschaft Baaden, zwischen Zürch und Bern, gehöret diesen zwey Cantons; gleichwie auch die darunter liegenden Vogteyen Bremgarten und Mellingen, nebst dem Turgau auf der andern Seite von Zürch, so gemein, das Rhein Thal lieget an dem Rhein gegen den Boden See zu, und gehöret den acht alten Orten, nebst Appenzell, die vier Vogteyen in Italien, und einige andere Herrschaften.

Wer ſind die Unterthanen der Schweizeriſchen Bundsgenoſſen?

Dieſe ſind das Ländgen Veltelin, ſo an das Venetianiſche ſtöſet, die Grafſchafft Cleven ſelbigem zur Linken, die Grafſchaft Worms, ſelbigem zur Rechten, gehören alle drey den Bünden, die Grafſchaft Toggenburg aber, unter St. Gallen, gehöret dahin.

Welche ſind die merkwürdigſten Städte in der Schweiz?

Zürch, Baſel, Bern, Lucern, Freyburg, Solothurn, Schafhauſen, Genf, und Lauſanne oben an dem Genfer See im Berniſchen.

Was iſt in der Schweiz ferner zu merken?

Man bemerket darin den Genfer See unten, den Boden See oben, den Neuburger See zur Linken, und den Zürcher See in der Mitte, wie auch den Rhein, den Rhodanum, den Innfluß, die Adda, und den Tenſin Fluß, welche daſelbſt in dem Alpengebürg entſpringen, ſo von den Schweizern faſt ganz beſetzet iſt.

Was für eine Religion herrſchet in der Schweiz?

Zwey Religionen, nemlich die Römiſch Catholiſche, und die Reformirte; die erſte in den ſieben kleinen Cantons, die Reformirte aber in denen Cantons Zürch, Bern, Baſel, und Schafhauſen. Glaris und Appenzell dulten beeden Religionen.

Zehnte Lection.

Von den Niederlanden.

Frage. Was verſtehet ihr durch die Niederlande?

Antw. Dieſe Provinzen, welche, ſiebenzehn an der Zahl, heut zu Tag verſchiedenen ſouverainen Herrſchaften unterworfen ſind, liegen Frankreich gegen Norden, und Teutſchland gegen Abend, werden gemeiniglich eingetheilet, in die Vereinigten, in die Oeſtreichiſchen, und nunmehr auch in die Franzöſiſchen, Niederlande.

Wie viel ſind der vereinigten Niederlande?

Es ſind deren ſieben, welche man auch die General Staaten der vereinigten Niederlande, oder von Holland, nennet, nemlich Geldern, das halbe, gegen Mittag, und die daneben zur Rechten liegende Grafſchaft Zütphen, welche beede für eines gerechnet werden, Holland ſo den meiſten Theil der Weſtlichen Küſte einnimt, Seeland darunter gegen Mittag, Utrecht zwiſchen Holland und Geldern, Friesland oben gegen Norden, Oberyſſel darunter gegen Mittag, und Gröningen darüber gegen Morgen und Mitternacht. Zu welchen noch einige Eroberungen gerechnet werden, welche in dem Holländiſchen Brabant, und Flandern, und in einem Theil von dem Limburgiſchen, beſtehen.

Beſitzen die General Staaten nicht auch noch andere Länder?

Sie beſitzen noch einige Inſuln in Weſt Indien, weit mehr aber in dem Südlichen Theil von Aſien, woſelbſt ſie einen ſtarken Handel treiben.

Welche ſind die vornemſten Städte der vereinigten Niederlande?

Amſterdam, die beſte Handels Stadt in Europa, Rotterdam, Leiden, Delft, und Haag, ſo zur Provinz Holland gehören. Mittelburg, Vliſſingen, und Ziric See in Seeland, und Nimwegen in Geldern.

Welche ſind die übrigen Städte in den vereinigten Niederlanden?

Sie ſind Utrecht, eine ſehr groſe Stadt in der Provinz dieſes Namens, ſo mit einer Univerſität verſehen, Löworden, und Franecker, eine Univerſität, in Weſt Friesland, Deventer in Oberyſſel, Gröningen in der Provinz dieſes Namens, woſelbſt auch eine Univerſität iſt, und Harderwick, eine ebenmäſige Univerſität, in der Velau, oder dem Holländiſchen Geldern.

Welche Städte giebt es in den eroberten Ländern der vereinigten Niederlande?

Solche ſind Herzogenbuſch, Grave, Bergen ob Zoom, und Breda, in Brabant, Maſtricht,

stricht, auf dem Lüttigischen Grund und Boden, eine der stärksten Vestungen in Europa: Sluis und Hulst in Flandern, und Falkenburg, in dem Herzogtum Limburg.

Eilfte Lection.
Fortsetzung von den Niederlanden.

Frage. Welche sind die zu den Oestreichischen Niederlanden gehörigen Landschaften?

Antw. Das Herzogtum Brabant, die gröste und vornemste, in der Mitte, die Markgrasschaft des Heil. Röm. Reichs Antwerpen, und die Herrschaft Mecheln, liegen beide in Brabant, die Herzogtümmer, Limburg gegen Abend, Luxemburg darunter, und das halbe Geldern, und die Grafschaften, Flandern an dem Ufer gegen Abend, Hennegau stöset an Frankreich, und Namur lieget auch unter Brabant gegen Lüttig.

Welche sind die vornemsten Städte in den Oesterreichischen Niederlanden?

Brüssel, in Brabant, ist die Haubtstadt aller dieser Provinzen, Löwen ihr zur Rechten, ist mit einer Universität, und die reiche und schöne Stadt Antwerpen mit einem Bistum, versehen, Mecheln, woselbst ein Erzbistum ist, Limburg, Luxemburg eine starke Vestung, jede in der Provinz ihres Namens, Rüremond in Geldern, Gent, Brügge, Ostende, Nieuport, Doraik, und Ypern, in Flandern, nebst Mons, oder Bergen, in Hennegau, und Namur.

Was hat Frankreich in den Niederlanden?

Die ganze Provinz Artois, welche die Zahl der bisher benenten 17. Provinzen voll machet, nebst einem Theil von Flandern und Hennegau, auch sonst etliche Plätze. Während des letzten Krieges sind Flanderische Häven an Frankreich überlassen worden, welche aber bey nunmehriger Frieden wieder geraumet werden müsen.

Welche Städte sind in den Französlischen Provinzen zu merken?

Arras ein Bistum, und starke Vestung, und S. Omer eine ebenmäsige Vestung, in Artois, Ryssel eine ungemeine Vestung, Doval, und Dünkirchen der berühmte Haven, in Flandern, Chambrai ein berühmtes Erzbistum, und die Vesung Valenciennes, in Hennegau. Hiezu komt Thionville in Luxembourg, und Charlemont in Namur, nebst andern.

Besitzen sonst keine Staaten etwas in den Niederlanden?

Nebst einigen Kleinigkeiten ist insonderheit zu merken, daß der König von Preusen in Geldern unter andern die Haubtstadt dieses Namens besitzet: anderer aus der Oranischen Erbschaft herrührender Plätze zu geschweigen. Vor allem aber mus das schöne Stift Lüttig nicht vergessen werden.

Wo lieget selbiges?

Mitten dazwischen: gegen Abend hat es Brabant und Namur, gegen Morgen Limburg und Luxemburg, wird aber sonst zu dem Westphälischen Creis gerechnet.

Was ist sonst davon zu merken?

Die grose berühmte Haubtstadt Lüttig selbst an der Maas, und die an eben dem Fluß liegende Vestung Huy: ingleichen daß der Bischoff ein unmittelbarer Reichs Fürst ist.

Gehöret sonst nichts dazu?

Ehedem gehörete das darunter liegende Herzogtum Bouillon, jedoch nur Versatzweise, dazu: der Bischoff führet auch den Titul davon: es ist aber jetzt Französisch, und hat eigene davon benennte Prinzen von Bouillon.

Zwölfte Lection.
Von Lothringen.

Frage. Wo lieget Lothringen?

Antw. Zwischen Frankreich und Teutschland, kan auch auf beeden Charten gesehen werden. Jenseits stöset es an Burgund und Champagne, disseits an Elsas und die Pfalz, oben an Luxembourg, unten an die Franche Comte.

D						Was

Was gehöret zu dem Herzogtum Lothringen?

Die dazu gehörigen Länder sind, das Herzogtum Lothringen zur Rechten, welches eine Souverainete war, die von niemand dependirete, und das Herzogtum Bar zur Linken, welches jederzeit von der Crone Frankreich relevirer, und zu dem Parlament von Paris gehöret, vor welches alle wichtige Händel und Streit Sachen gebracht werden müssen.

Wie wird das Herzogtum Lothringen eingetheilet?

In das so genante Lothringen, und in die dazu gehörigen, oder annectirten, Lande. Das so genante Lothringen begreift drey Aemter in sich, nemlich das Amt Nanci, oder das Französische, das Amt Vaudrevange, oder das Teutsche Amt, und das Amt Mirecourt, oder das Vogesische.

Welche sind die vornemsten Städte in Lothringen?

Nanci ist die Haubt Stadt, Luneville ist der Ort da der Hof residiret, Espinal, Remiremont, und Vaudrevange: Point à Mousson eine Universität, und Nomeni, sind zwey Reichs Lehen, welche sich bey der Vertauschung des übrigen Lothringen gegen Florenz, wovon gleich folgen wird, der damalige Herzog, nunmehrige Kaiser, vorbehalten, und noch besitzet.

Welche sind die annectirten Lande?

Die dazu gehörigen, oder annectirten, Lande sind die Grafschaft Vaudemont, und die Herrschaft Commercy.

Wie wird das Herzogtum Bar eingetheilet?

In vier Aemter, nemlich das Amt Bar, das Amt Bassigni, das Amt St. Michel, und das Amt Clermont, in welchen die Städte Bar, St. Michel, und Clermont, gelegen.

Wem gehören die Herzogtümer Lothringen und Bar?

Sie hatten verschiedene secula ihre eigenen Herzoge: nach dem letzten wegen der Polnischen Wahl entstandenen Krieg aber wurde in dem Frieden beschlossen, daß der Herzog von Lothringen das Grosherzogtum Florenz zu einem aequivalent haben, hingegen Lothringen und Bar dem König Stanislao eingeraumet, nach dessen Tod jedoch an Frankreich fallen, und dieser Crone völlig einverleibet werden solten. Mithin ist der jetzige Status davon anders, als der bißherige oben beschriebene.

Ist sonst nichts mehr bey Lothringen zu merken?

Mitten darin liegen, gleichsam in einem Dreyangel, die drey Bißthümer, Metz oben, Toul unten, und Verdun zur Linken: welche ehedem zu dem Römischen Reich gehörten, aber nun schon über zwey hundert Jahre von Frankreich occupirer worden.

Zu Ende der andern Woche soll man obige sechs Aufgaben wiederholen.

Dreyzehnte Lection.

Von Teutschland.

Frage. Wo lieget Teutschland?

Antw. Teutschland lieget recht mitten in Europa. Oben gegen Norden hat es, zwischen der Nord-und Ost-See, Dänemark, zur Rechten gegen Morgen Polen und Ungarn, unten gegen Mittag Italien und die Schweiz, und zur Linken gegen Abend Frankreich, da Lothringen dazwischen ist, und die Niederlande. Von diesen angränzenden Ländern siehet man auf den meisten Charten die Niederlande, Lothringen, und die Schweiz, völlig: daher auch die Abhandlung dieser Staaten hie praemittiret ist.

Wie gros ist Teutschland?

Wenn man das Maas von den äusersten Spitzen nimmet; so wird so wol in der Länge als Breite wenig von 200. Meilen abgehen.

Wie

NOORD SEE

GERMANIA
an fuos
Circulos
divisa

SCHWEITZERLAND

Wie iſt das Land beſchaffen?

Es iſt faſt durchgehens fruchtbar, und bringet alles was zu dem menſchlichen Leben nothwendig iſt, jedoch dieſes hie, jenes anderswo, reichlicher. Alſo iſt zum Exempel der Weinwachs in den Nordiſchen Ländern etwas rares, oder ſchlecht, an dem Rhein hingegen, der Moſel, in Franken, Oeſtreich, und Tyrol, ſtattlich. Die Bergwerke ſind an vielen Orten, zumal mit Silber, ſehr ergiebig. An Pferden, zumal im Niederſächſiſchen, und Weſtphäliſchen, Creis, fehlet es eben ſo wenig. Die manufacturen und Künſte floriren, als in einem Land der Welt. Und die Einwohner maintenieren bey allen Völkern den Ruhm, ſo wol groſer Kriegswiſſenſchaft, als Gelehrſamkeit: ſo daß ihnen Gelehrte, und Soldaten, viele Erfindungen zu danken haben: worunter die Buchdruckerey, und das Schiespulver, die berühmteſten.

Wie wird es eingetheilet?

Die Eintheilung, wobey ein Anfänger am beſten fortkommen kan, wird wol diejenige in die zehn Creiſe ſeyn: welche auch in der Hiſtorie, und Politiſchen Einrichtung, ihren Nutzen hat: wir wollen ſie, unten von Morgen anfangend, in folgender Ordnung erzählen: 1. der Oeſterreichiſche, 2. der Bayriſche, 3. der Schwäbiſche, 4. der Fränkiſche, 5. der Ober Sächſiſche, 6. der Nieder Sächſiſche, 7. der Weſtphäliſche, 8. der Ober Rheiniſche, 9. der Nieder Rheiniſche, 10. der Burgundiſche, ſo nichts anders als die ſchon abgehandelten Niederlande, und unter ſolchem Namen von dem damaligen Beſitzer Kaiſer Carolo V. dem Reich incorporiret worden. In dieſer Ordnung werden wir ſie auch, wenn noch einige generalia abgethan, betrachten: nur daß den letzten Platz, ſtatt der ſchon ausgeführten Niederlande, die Böhmiſchen Lande einnehmen ſollen: welche nicht nur in vielen Stücken zu Teutſchland, und dem Reich, gehören, ſondern auch ſelbigem, vor einiger Zeit, würklich unter dem Namen eines Creiſes einverleibet worden.

Welche ſind die vornemſten Flüſſe in Teutſchland?

Die Donau flieſet von Abend gegen Morgen durch Schwaben, Bayern, und Oeſtreich, der Rhein von Mittag gegen Norden, aus der Schweiz biß in die Niederlande (dieſer nimt unter andern den Main, der durch Franken, und den Neckar, der durch Schwaben, und die Pfalz, gehet, zu ſich) die Elbe von Mittag gegen Norden durch Böhmen, Ober, und Nieder Sachſen, die Oder auch von Mittag gegen Mitternacht durch Schleſien, Brandenburg, und Pommern.

Was für eine Religion blühet in Teutſchland?

Selbige iſt gar unterſchieden: denn, nachdem ehedem alles Catholiſch war, iſt eben in Teutſchland, und zwar Sachſen, 1517. und folgende Jahre, die Reformation ausgebrochen: mithin haben ſich gar viele Stände zu der Evangeliſchen, einige auch nachgehends zu der in der Schweiz ihren Anfang genommenen Reformirten, Religion bekant: und dieſe drey Religionen ſind es, welche durch viele Pacten und Friedens-Schlüſſe, ſo für Reichs-Geſetze dienen, mit Ausſchlieſung aller andern, recipiret worden. Nur iſt noch wegen des Namens zu merken, daß die Evangeliſchen und Reformirten zuſammen Proteſtanten genennet werden, und unter dieſem Namen, oder auch generaliter der Evangelicorum, in vielen Stücken cauſam communem machen.

Welche Creiſe ſind einer oder der andern Religion zugethan?

Solches iſt abſolute unmöglich zu ſagen, ſondern bey jedem Stand, wie auch geſchehen wird, anzumerken. Doch ſind überhaupt der Oeſtreichiſche, Bayriſche, NiederRheiniſche, und Böhmiſche, ganz, oder doch meiſtens, Catholiſch, der Ober Sächſiſche, Nieder Sächſiſche, und Ober Rheiniſche, gröſten Theils proteſtantiſch, der Schwäbiſche aber, Fränkiſche, und Weſtphäliſche, ganz vermenget.

Vierzehnte Lection.
Fortſetzung von Teutſchland.

Frage. Wie ſiehet es mit der Regierung in Teutſchland aus?

Antw. Es hat ſelbiges einen Kaiſer, welcher jederzeit von den Churfürſten erwählet wird: doch beſitzen auch die Reichs-Stände groſe Vorrechte und regalien.

Selbige

Selbige sind hin und her in ganz Teutschland zertheilet: jedoch so, daß jedweder Creis in vielen Stücken ein besonderes corpus ausmachet, seine Directores und ausschreibenden Fürsten hat, so oft es nöthig Creis Täge hält, und in mancherley Angelegenheiten, als das militair, Münzwesen, und dergleichen, unter sich correspondiret.

Wie vielerley sind solche Reichs-Stände?

Sie sind 1. Churfürsten, 2. Fürsten, 3. Grafen (wozu diejenigen Prälaten so keine Fürsten sind gerechnet werden) 4. Reichsstädte, und 5. die Reichsfreye Ritterschaft.

Wie viel sind Churfürsten?

Nunmehr neun: drey geistliche, Chur Maint, Chur Trier, und Chur Cöln, sämtliche Erzcanzlare des Heil. Röm. Reiches durch Teutschland, Italien, und das Arelatensische Reich, der König e. Böhmen Erzschenck, und noch fünf weltliche, Chur Bayern Erz Truchses, Chur Sachsen Erz Marschal, Chur Brandenburg Erz Cämmerer, Chur Pfalz Erz Schatzmeister, und Chur Braunschweig Lüneburg, oder Hannover, so noch kein ausgemachtes Erzamt hat.

Wie vielerley sind Fürsten?

Sie werden unterschiedlich eingetheilet: haubtsächlich in geistliche und weltliche.

Wie vielerley sind die geistlichen?

Sie sind 1. Erzbischöffe, davon jedoch, nebst den drey geistlichen Churfürsten, jetzt, nachdem Besançon Französisch, Magdeburg und Bremen aber secularisiret, nur allein Salzburg vorkommet, 2. Bischöffe, deren man, Chur in der Schweiz mitgerechnet, zwanzig zählet, 3. Ritter Orden, nemlich der Hochmeister des Teutschen Ordens zu Mergentheim, und der Gros Prior des Johanniter oder Malthefer Ordens zu Heitersheim: jener hat seinen Sitz vor allen Bischöffen, dieser unter den gefürsteten Aebten, 4. die gefürsteten Aebte, deren 11. sind, wenn Reichenau, so zu dem Bistum Constanz gehöret, mitgezählet, und St. Gallen ausgelassen wird. Alle diese Bischöffe und Aebte kommen an ihrem Ort vor.

Wie werden die weltlichen Fürsten eingetheilet?

In Alt Fürstliche und Neu Fürstliche Häuser. Jene sind entweder Linien aus Churfürstlichen Häusern, als: Sachsen Weimar, Gotha rc. Brandenburg Baireut und Onolzbach, Pfalz Zwenbrück, Braunschweig Wolfenbüttel: oder besondere Häuser, als Mecklenburg, Würtemberg, Hessen, Baaden Holstein, und Anhalt: wozu mehrentheils auch Aremberg noch gerechnet wird.

Welche sind die neuen Fürsten?

Deren, die votum et sessionem haben, sind noch 13. als Hohenzollern, 2. Lobkowitz, 3. Salm, 4. Dietrichstein, 5. Nassau in etlichen Linien, 6. Piccolomini, 7. Auersberg, 8. Ostfriesland, so jedoch jetzt ausgestorben, und das Land, vermög alter pactorum, an Preußen gefallen. 6. Fürstenberg, 10. Schwartzenberg, 11. Oettingen, 12. Waldeck, und hiezu wird 13. Schwarzburg gerechnet.

Sind diese die Teutschen Fürstentümer alle?

Wir reden hie nur von den Häusern: und also giebet es noch mehr Fürstentümer, welche auf den Reichstägen besonders votum & sessionem, aber nicht eigene Herren und Familien, haben, sondern entweder secularisiret, oder die alten Fürsten ausgestorben sind, als Magdeburg, Bremen, Jülich, Cleve, Bergen, Pommern, Lauenburg rc. rc.

Wie viel sind Reichs Grafen?

Sie werden in vier Classen, oder, wie man auf dem Reichstag zu reden pfleget, Grafen Bänk, eingetheilet, nemlich 1. die Wetterauische, 2. die Schwäbische, 3. die Fränkische, und 4. die Westphälische. Zu der ersten rechnet man 27. zu der andern 24. zu der dritten 13. und zu der vierten 21. Grafschaften: worunter aber nun viele keine eigenen Herren, als welche ausgestorben, mehr haben, sondern die Länder von andern Gräflichen, auch Fürstlichen, Familien, mit beybehaltenem besondern voto et sessione, besessen werden. Diese demnach, alle zusammen gezählet, sind 85. Grafschaften.

Wo

Wo gehören die Prälaten hin so keine Fürsten sind?

Sie sind in zwey Bänke, die Schwäbische und Rheinische, getheilet, und, auch diejenigen beygezählet welche, wegen allerhand Umstände und Einsprüche, kein eigen votum führen, zusammen 31. Ihr Rang ist unter den Grafen, da zuerst die Schwäbischen Prälaten sitzen, so dem die Wetterauischen Grafen, hierauf die Rheinischen Prälaten, und so fern die Schwäbischen, Fränkischen, und Westphälischen, Grafen folgen: wiewol beede Prälaten Bänke in diesem Vor oder Nachsitz ordentlich alternieren. Mitten unter den Prälaten von beeden Bänken haben auch die Aebtisinen ihre Ordnung, deren an der Zahl 15. sind.

Wie viel sind Reichsstädte?

Sie haben auch zwey Bänke, die Rheinische und Schwäbische. Auf jener sind 24. auf dieser 37. folglich zusammen 61. doch ist zu merken, daß hieben Straßburg, und die andern Elsäßischen ehemaligen Reichs Städte, welche aber nunmehr Französisch sind, noch mitgezählet, Hamburg hingegen, weil es wegen Dänischer protestation sein votum et sessionem hat, ausgelassen ist.

Was hat es mit der Reichsfreyen Ritterschaft für eine Bewantnis?

Sie dependiret, gleich andern Reichs Ständen, mit herrlichen Vorrechten, unmittelbar von dem Kaiser, kommet aber nicht mehr zu den Reichstägen: gleichwol conserviret sie ihr Recht darin, daß sie in actis publicis, Friedensschlüssen, und dergleichen, namentlich mit eingeschlossen wird. Die Anzahl ist gros, und selbige in drey Classen, die Fränkische, Schwäbische, und Rheinische, jede davon aber wiederum in ihre Cantons, oder Orte, eingetheilet.

Funfzehnte Lection.

Von dem Oestreichischen Creis.

Frage: Was gehöret zu dem Oestreichischen Creis?

Antw. Voenemlich fünf grose Stücke: 1. das Erzherzogtum Oestreich, 2. das Herzogtum Steyermark, 3. das Herzogtum Kärnthen, 4. das Herzogtum Crain, und 5. die gefürstete Grafschaft Tyrol.

Was ist von Oestreich zu merken?

Es ist, ausgenommen was von Kärnthen anmerken will, das einige Erzherzogtum in der ganzen Welt, und lieget oben an Böhmen und Mähren. Mitten durch fließet die Donau: darein fället der Fluß Ens, welcher es in zwey Theile theilet, nemlich in Ober Oestreich, das Land ob der Ens, gegen Bayern, und Unter oder Nieder Oestreich, das Land unter der Ens, gegen Ungarn. In diesem ist Wien, die bißher lange Zeit gewesene Kaiserliche Residenz, in jenem Lintz, die Haubtstadt. Doch sind die Theile gar ungleich: sintemal Nieder Oestreich um sehr viel gröser ist.

Was von Steyermark?

Es lieget gleich darunter, hat also oben Oestreich, zur Rechten Ungarn, zur Linken Salzburg und Kärnthen, unten Crain. Die Haubtstadt davon ist Grätz, fast mitten darin.

Was von Kärnthen?

Es lieget zwischen Salzburg, Tyrol, und Steyermark, und prætendiret nicht weniger den Titul eines Erzherzogtummes, auch, was das Alterthum desselbigen betrift, weil vor Oestreich, welcher aber jetzt nicht mehr so oft vorkommet als in dem 16. seculo noch, besonders auf Münzen, geschehen ist. Die Haubtstadt ist Clagenfurth mitten im Land: und der Bischoff von Bamberg hat auch schöne Ländereyen darin.

Was

Was von Crain?

Es lieget unten, gegen Istrien und den Golfo di Venetia. Laubach, die Haubt-Stadt, ist mitten im Land, und unweit des Czirnizer Seees Auersberg, das Stammhaus der Fürsten und Grafen dieses Namens, welche auch einen Theil des nur benenneten Seees, wovon oben bey Europa Meldung geschehen, nebst andern dasigen Länderyen, in Besitz haben.

Was von Tyrol?

Es ist eine gefürstete, sehr wichtige, Grafschaft, zwischen Bayern, Schwaben, Schweitz, Italien, und Kärnthen. Die Haubtstadt Inspruck lieget oben am Inn, etwas weiter hinauf an diesem Fluß Hall, zwischen beeden das berümte Schloß Ombras, Ambras, oder Vmbras, wo die grose Kunst-Raritäten- und Rüst-Cammer ist. Weiter hinauf an besagtem Fluß, ganz in den Baytischen Gränzen, befindet sich die treffliche Vestung Kufstein, und gerad unter Inspruck, mitten im Land, das diesem den Namen gebende Bergschloß Tyrol, noch weiter herab aber die berühmte Handelstadt Bozen.

Kommet sonst nichts in dem Oestreichischen Creis vor?

In Tyrol, an der Etsch gegen Italien, lieget das Bistum Trient, und darüber gegen Norden, dem Schloß Tyrol gerad zur Rechten, das Bistum Brixen. Beyde sind unmittelbare Reichs-Fürstenthümmer, doch werden sie im voto auf dem Reichstag von dem Haus Oestreich vertretten. Unter Crain lieget zur Rechten die Grafschaft Windischmark, und zur Linken die gefürstete Grafschaft Görz, und Gradisca: welche sämtlich unter Oestreich gehören; ausgenommen daß Gradisca, so ehedem Eggenbergisch war, nunmehr Althanisch ist.

Wem gehöret der Oestreichische Creis?

Dasjenige ausgenommen was in den vorhergehenden Fragen angemerkt worden ist, durchgehends dem Erzhaus Oestrich.

Was für eine Religion ist darin?

Nunmehr allenthalben die Römisch Catholische, bis auf einige Evangelische Herrschaften.

Sechzehnte Lection.
Von dem Bayrischen Creis.

Frage. Was gehöret zu dem Bayrischen Creis?

Antw. Vornemlich 1. das Herzogtum Bayern selbst, 2. das Erzbistum Salzburg, die drey Bistümer, 3. Freysingen, 4. Regensburg und 5. Passau, 6. die Ober Pfalz, 7. das Herzogtum Neuburg, 8. die Landgrafschaft Leuchtenberg, und 9. die gefürstete Probstey Berchtolsgaden.

Was merkt man bey dem Herzogtum Barern?

Es gehöret ganz dem Churfürsten, nimt den grösten Theil des Creises ein, und wird in Ober Bayern gegen Abend, und Nieder Bayern gegen Morgen, eingetheilet. In jenem ist München die schöne Churfürstliche Residenz, unten an der Iser, in diesem Lands-hut, darüber an eben dem Fluß, die Haubtstadt. Sonst ist unter andern die berühmte Universität Ingolstadt, und die ehemalige Reichsstadt Donauwerth, beede an der Donau und den Neuburgischen Gränzen, zu merken.

Wo lieget das Erzbistum Salzburg?

Unten gegen Morgen und Mittag, an den Oestreichischen, Steyrischen, Kärnthischen, und Tyrolischen Gränzen, der Erzbischoff ist nunmehr, auser den Churfürsten, der einige in Teutschland, daher er den Titel Primas Germaniae führet, und residiret in der Haubt Stadt Salzburg, genau an Ober Oestreich.

Was

Was ist bey den drey Bißthümern zu merken?

Freysingen lieget mitten in Bayern, an der Iser, zwischen München und Landshut, und dependiret unmittelbar von dem Päbstlichen Hof in geistlichen Dingen. Regensburg hat seine Landschaft um die Stadt dieses Namens, welche ihm aber, als eine Reichsstadt, nicht zugehöret. Passau an der Donau, und den Oestreichischen Gränzen, movirte sonst einen Streit mit Salzburg, und wolte selbst Metropolitanus seyn, ist auch nunmehr exemt, und gleichfals dem Päbstlichen Stuhl allein unterworfen.

Was bey der Ober-Pfalz?

Sie lieget oben in der Spitze zwischen Böhmen und Franken. Ehedem gehörete sie zu der Unter-Pfalz am Rhein, seit dem Teutschen Krieg aber, da die erste weltliche Churwürde an Bayern gekommen, ist auch die Ober-Pfalz demselbigen geblieben. Amberg, als die Haubtstadt, gegen Franken, hat die Regierung.

Was bey dem Herzogtum Neuburg?

Es lieget in dem Winkel, wo der Bayerische, Schwäbische, und Fränkische Creis zusammen stosen, und die Haubtstadt Neuburg an der Donau; wiewol auch noch ein district in der Ober-Pfalz, zwischen Regensburg und dem Nürnbergischen Gebiet, dazu gehöret. Ehedem hatte es seine besondern Herzoge aus einer davon benenneten Pfälzischen Linie, welche nunmehr zum Churhaus worden, und es noch besitzet.

Was bey der Landgrafschaft Leuchtenberg, und der Probstey Berchtolsgaden?

Jene lieget mitten in der Ober-Pfalz, hatte ehedem seine eigene Landgrafen, so alte Reichsfürsten waren, gehöret aber nunmehr Chur Bayern. Dieses mus man ganz unten an den Salzburgischen Gränzen suchen.

Befinden sich sonst keine Herrschaften in dem Bayrischen Creis?

Das Fürstentum Sulzbach in der Ober-Pfalz, an den Fränkischen Gränzen, hatte ehedem seinen eigenen Herzog aus dem Pfälzisch-Neuburgischen Haus, welcher aber nunmehr Churfürst ist. Neustädtlein, auch in der Ober-Pfalz, über Leuchtenberg, hat mit seinem district den Titul einer gefürsteten Grafschaft von Sternstein, unter welchem es vor mehr als 100. Jahren das Haus Lobkowitz an sich gekaufet. Die considerable Grafschaft Ortenburg lieget genau bey Passau. Das ausgestorbene, auch Evangelische, Reichsgräfliche Haus Wolfstein, oder Sulzburg, und Pyrbaum, hatte seine Güter gegen Nürnberg, und die Reichsstadt Regensburg, an der Donau, wo sich Bayern und die Ober-Pfalz scheiden, und zwar gleicher Religion. Sonst herschet in dem ganzen Creis die Catholische Religion, ausgenommen daß im Neuburgischen und Sulzbachischen noch Uberbleibsel von der ehemal allda florirenden Evangelischen sind.

Siebenzehnte Lection.

Von dem Schwäbischen Creis.

Frage. Was ist von dem Schwäbischen Creis zu merken?

Anew. Er lieget zur Linken von Bayern, biß an den Rhein, und hat zwey grose geistliche Fürsten, die Bischöffe von Constanz und Augsburg, zwey AltFürstliche Häuser, Würtemberg, und Baaden, drey oder vier Neu Fürstliche Häuser, viele Prälaten und Aebtisinen, verschiedene Grafen, und eine gute Anzahl Reichsstädte.

Wo lieget das Bistum Constanz?

An dem Boden See diß und jenseits. Weil die Stadt Constanz Oestreichisch ist; so residiret der Bischoff zu Merssburg an dem Boden See dißseits, und ist selbiger erster ausschreibender Fürst des Schwäbischen Creises.

C 2

Wo

Wo lieget das Bißtum Augsburg?

Bey der Stadt dieses Namens, so aber nicht dazu gehöret, der Länge nach, an den Bayrischen Gränzen, gegen Norden. Die Bischöffliche residenz Dillingen liegt oben an der Donau, und dem Neuburgischen, und hat eine Universität.

Was ist bey Würtemberg zu merken?

Dieses ansehnliche Herzogtum litget um den Neckar herum, und die Hauptstadt davon, Stutgard, mitten im Land, die berühmte Universität Tübingen aber etwas darunter.

Was bey Baaden?

Das Markgräfliche Haus Baaden theilet sich in zwey Linien: die Baaden Baabnische, und Baaden Durlachische. Jene besitzer Ober Baaden gegen Mittag, worin die residenz Baaden, und das von dem Frieden berühmte Schloß Rastadt, lieget: diese Nie der Baaden gegen Mitternacht, worin Durlach, und das nunmehr zur Residenz dienende Lustschloß Carlsruh.

Was sind für neue Fürstliche Häuser in Schwaben?

Hohenzollern hat sein Land unter Würtemberg, Fürstenberg noch weiter gegen den Boden See hinab an den Ursprung der Donau, und Oettingen oben an Franken. Hiezu kommen die Liechtensteinischen Güter, Vaduz und Schellenberg, bey Donauwerth.

Wie viel sind Prälaten?

Der Abt zu Kempten, unten, auf der Seite gegen Tyrol, und der von Ellwangen, oben an Franken bey Crrilsheim, sind Reichs Fürsten: andrer Abte zählet man noch 16. und 6. Aebtißinen.

Wie viel sind Grafen?

Die zum Theil gefürsteten obbenenten, und die ganz ausgestorbenen, weggerechnet, zählet man insgemein noch zwölf Grafen: worunter wir insonderheit die Reichs Erb Marschalle, Grafen von Pappenheim, oben zwischen Franken, Neuburg, und Oettingen, anmerken wollen.

Wie viel sind Reichsstädte?

Es werden 31. gezählet. Die vornemsten sind Augsburg hart an den Bayrischen Gränzen und dem Fluß Lech, und Ulm weiter zur Linken an der Donau. Unter den andern befinden sich Memmingen über Kempten, Schwäbisch Hall an Franken und Hohenlobe, Heilbronn weiter zur Linken, Lindau am Boden Seee, Kempten in der Abtey dieses Namens rc.

Was komt sonst bey Schwaben vor?

Der Bischoff von Chur in der Schweiz wird von einigen auch für einen Schwäbischen Creis Stand gezählet: das Haus Oestrich hat nicht nur die Markgrafschaft Burgau, zur Linken neben Augsburg, sondern auch sonst viele schöne districte, besonders zwischen dem Boden Seee und Elsas. Der Churfürst von Bayern besitzet unter andern Mindelheim zwischen Augsburg und Kempten.

Was für eine Religion ist in Schwaben?

Bey den Catholischen Bischöffen und Prälaten hat es seine Richtigkeit: Würtemberg ist Evangelisch, der Herzog aber nunmehr Catholisch: Baaden Baaden ist Catholisch, Baaden Durlach Evangelisch: die übrigen Fürsten und Grafen sind unterschieden, Augsburg, und Kempten, untermengt, Ulm, und die übrigen Reichsstädte meistens, Evangelisch.

Achtzehnte Lection.

Von dem Fränkischen Creis.

Frage. Welche sind die Reichsstände des Fränkischen Creises.

Antw. Es gehören dazu drey Bistümmer, Bamberg, Würzburg, und Eichstädt, der Sitz des Hochmeistersrvon dem Teutschen Orden, zwey Markgraftümmer,

Onolzbach, die Lande der Sächsischen Chur- und Fürsten, das Fürstentum Schwarzenberg, und Löwenstein oder Wertheim, verschiedene Grafschaften, und einige Reichsstädte.

Wo lieget das Bistum Bamberg?

Zwischen Würzburg und Baireut, die Haubtstadt Bamberg aber in der Mitte an der Rednitz, wo sie bald in den Main fället, und die Vestung Vorchheim weiter herunter. Der Bischoff dependiret in geistlichen Dingen unmittelbar von dem Pabst, hat in dem Reich den Rang vor allen geistlichen Fürsten, die Erzbischöffe, und den Hochmeister von dem Teutschen Orden, ausgenommen, und ist erster ausschreibender Fürst des Creises, gleichwie der andere alternative einer von den beeden Herren Markgrafen ist.

Wo lieget das Bistum Würzburg?

Daneben zur Linken, und ist fast das schönste, und gröste, Bistum in Teutschland, welches sich keines, als Münster, wird an die Seite setzen lassen, führet auch den Titul eines Herzogtums von Franken. Die Stadt Würzburg selbst lieget an dem Main, wo er sich wieder gegen Mitternacht wendet.

Wo lieget Eichstädt?

Unten an Neuburg, und die Haubtstadt dieses Namens an dem Fluß Altmühl, nebst der gegen über liegenden Bischöfflichen residenz St. Wälibaldsburg.

Was ist von dem Teutschmeister zu merken?

Der Teutsche Orden hat hin und wieder, in gar vielen Creisen, seine Ländereyen und Unterthanen, der Haubtsitz davon aber, Mergentheim lieget, auch mit einem distrikt, in Franken, unter dem Würzburgischen, und über der Grafschaft Hohenlohe.

Wo lieget die Markgrafschaft Baireut?

Gegen Morgen, so daß es Bamberg zur Linken, und das Nürnbergische Gebiet unten hat. Die residenz Baireut lieget mitten im Land, gegen Mitternacht, etwas zur Linken Culmbach, wovon diese Markgräfliche Linie sonst auch genennet wird, und davon zur Rechten die Vestung Blassenburg, die Stadt Hof im Voigtländischen, und Erlang am Nürnbergischen.

Wo lieget die Markgrafschaft Ansbach?

Gegen Mittag und Abend. Die Haubtstadt Ansbach, oder Onolzbach, ist auch mitten im Land. Nebst selbiger sind Swachbach an den Nürnbergischen Gränzen, Creilsheim unten in der Ecke gegen Abend, und Uffenheim zwischen dem Würzburgischen und Schwarzenbergischen, die vornehmsten Städte, Wilzburg aber eine bekante Vestung zu unterst in der Ecke zwischen dem Eichstädtischen. Beede Markgrafen sind Evangelisch, und alterniren alle drey Jahre wegen des Creis Mitausschreibamtes.

Welche sind die Sächsischen Lande in Franken?

Sie liegen ganz oben an Sachsen selbst, und sind, das Herzogthum Coburg zur Rechten, und die gefürstete Grafschaft Henneberg daneben zur Linken. In jenen, welches aber wirklich mehr zu Sachsen selbst gerechnet wird, ist die Stadt Coburg gegen Mittag, Hildburghausen aber, wovon eine besondere Linie den Namen hat, gegen Mitternacht; in dieser lieget Meinungen, so auch eine Herzogliche residenz, mitten im Land, und das von dem darnach benenten Bund berühmte Schmalkalden, so jedoch Hessisch ist, gegen Mitternacht. Beede sind Evangelisch.

Wo lieget das Fürstentum Schwarzenberg?

Mitten in Franken zwischen Bamberg und Ansbach: und ist der Fürst Catholisch.

Welche sind die vornemsten Grafschaften?

Die Grafschaft Wertheim, so dem Haus Löwenstein gehöret, lieget über Würzburg hinaus gegen Abend, und ist die Catholische Linie davon in den Fürstenstand erhoben worden. Die weitläufige, aber auch in viele Linien, deren verschiedene jetzt in dem Fürstenstand erhoben worden, zertheilte Grafschaft Hohenlohe, unten zur Linken an Schwaben, ist mehrren rentheils Evangelisch. Die Grafschaft Castell zwischen Bamberg, und Schwarzenberg, und die noch weiter über Wertheim gegen Abend gelegene Grafschaft Erbach, sind auch Evangelisch. Zu diesen werden noch mehrere, in allen 14. Fränkische Grafen, gezählet.

Wie viel sind Reichsstädte?

Folgende fünf: 1. Nürnberg, 2. Rothenburg, 3. Schweinfurth, 4. Windsheim, und 5. Weisenburg (im Nordgau, zum Unterschied einer andern am Rhein), sie sind alle Evangelisch.

Was ist bey Nürnberg zu merken?

Sie lieget mit ihrem Gebiet gegen Morgen zwischen dem Baireuthischen und Ansbachischen. Die Stadt ist in vielen Stücken, insonderheit auch wegen Verwahrung der Reichs-Insignien, berühmt: drey Meilen davon gegen Morgen hat sie die Universität Altdorf, und 5. Meilen gegen Abend, mitten in dem Ansbachischen, die Vestung Lichtenau.

Wo liegen die übrigen?

Rothenburg, mit einem ziemlichen district, an der Tauber, dem Ansbachischen gegen Abend, und der Grafschaft Hohenloh gegen Morgen: Schweinfurth mitten im Würzburgischen, am Main, wo er sich gegen Mittag wendet: Windsheim an den Gränzen zwischen Ansbach und Schwarzenberg: und Weisenburg gleich neben Wilzburg, an den Eichstädtischen und Ansbachischen Gränzen.

Obige sechs Aufgaben sind abermal zu wiederholen.

Neunzehnte Lection.
Von dem Ober Sächsischen Creis.

Frage. Wo lieget der Ober Sächsische Creis?

Antw. Von Franken an biß zu der Ost See. Daher er sehr groß ist, und viele weitläufige Provinzen begreifet, als gegen Mittag die Sächsischen Lande, so Evangelisch, und haubtsächlich in der Marggrafschaft Meisen, der Landgrafschaft Thüringen, und dem eigentlichen Herzogtum Sachsen, oder dem Chur-Creis, bestehen, sodenn das Fürstentum Anhalt, ferner die Mark Brandenburg, und zu oberst das Herzogtum Pommern, auch hin und wieder einige Grafschaften.

Was ist bey Meisen zu merken?

Es lieget zur Rechten, und begreifet zugleich das Vogtland und Erzgebürg. Die Haubtstadt und residenz Dresden ist zur Rechten, Leipzig aber, die berühmte Universität und Handelsstadt, zur Linken. Fast alles gehöret dem Churhaus: doch liegen, an der Saal und dem Thüringischen, drey Städte, Naumburg (wozu Zeit, weiter gegen Mittag, zur Rechten, gehöret hat) Weisenfels, und Merseburg, über einander, von denen besondere daraus entsprungene, nun aber sämtlich ausgestorbene, Linien den Namen geführet haben. Uber das nimt auch auf dieser Seite das Osterland, oder Herzogtum Altenburg, welche Stadt darin an der Pleise lieget, einen ziemlichen Strich weg, so aber fast ganz nach Gotha, und das übrige Weimar, gehöret.

Wo lieget Thüringen?

Daneben zur Linken: und gehöret dem Ernestinischen Haus Sachsen, wovon bißher drey Haubtlinien, jede ihr besonderes Herzogtum, regieret: nemlich, zur Rechten gegen die Saal, Weimar, welche Stadt mitten darin lieget, zu äuserst an gedachtem Fluß aber die berühmte Universität Jena: welche Stadt jedoch nach Eisenach gehöret hat, gleichwie die Universität gemeinschäftlich ist. Daneben folget Gotha, und ganz zur Linken Eisenach, so jezt ausgestorben, die Länder aber an Weimar gefallen.

Wo lieget der Chur Creis?

Uber Meisen an der Lausnitz und dem Brandenburgischen Gränzen. Die Haubtstadt ist Wittemberg, eine Vestung, und, zumal von der Reformation, weltberühmte Universität. So denn ist auch Torgau zu merken. Beede liegen an der Elbe, jenes gegen Mitternacht, dieses gegen Mittag.

Wo

Wo lieget das Fürstentum Anhalt?

Neben dem Churcreis zur Linken. Es sind vier regierende Fürstliche Linien darin, welche ihre Residenzen zu Dessau an der Mulda, wo sie bald in die Elbe fället, zu Bernburg etwas gegen Mittag, und zu Zerbst über Dessau gegen Mitternacht, haben. Dieser letztere Fürst ist Evangelisch, die übrigen sind Reformirt.

Was ist von der Mark Brandenburg zu merken?

Sie wird in 5. Theile getheilet: 1. die Mittelmark, so auch in der Mitte lieget, und, nebst der vortrefflichen Residenz Berlin, die Universität Frankfurt an der Oder hat, 2. die alte Mark zur Linken, 3. die neue Mark zur Rechten, worin die wichtige Vestung Cüstrin, 4. die Pregnizer Mark oben unter Mecklenburg, und 5. die Uckermark daneben zur Rechten, auch an den Mecklenburgischen, und Vor Pommerischen, Gränzen. Der Churfürst, oder vielmehr König, ist Reformirt, das meiste im Land aber Evangelisch.

Was ist endlich von Pommern zu merken?

Es wird selbiges in zwey Theile getheilet: in Vor Pommern gegen Abend, und Hinder Pommern gegen Morgen. Dieses, worin Stargard die Haubtstadt, besitzet Brandenburg schon seit dem Westphälischen Frieden: jenes ward damal den Schweden zu Theil: in dem letzten Krieg mit Carolo XII aber eroberte es Brandenburg mit seinen Allurten, und ward in dem Frieden ausgemachet, daß auch der mittägige gröste Theil, biß an den Fluß Pene, worin die Haubtstadt Stettin ist, bey Brandenburg verbleiben solte. Das übrige gegen Norden kam wieder an Schweden: hierin lieget Stralsund, und die Universität Grypswald, gegen über aber die ein eigenes Fürstentum ausmachende Insul Rügen.

Was sind nun für Grafschaften in Sachsen?

Schwarzburg ist in den Fürstenstand erhoben, und gränzen die Ländereyen theils unten an das Coburgische, worin Rudelstadt und Arnstadt, theils oben an das Weisenfelsische, neben dem Eisfeld zur Rechten, worin Sondershausen. Mansfeld liegt unter Anhalt, neben Hall: die Catholische Linie der Grafen ist gleichfals in den Fürstenstand, unter dem Titul von Fondi, erhoben worden, und die Evangelische ausgestorben, das Land aber gröstentheils von denen zwey Lehenherren, Chursachsen, und, in Ansehung Magdeburg, Chur Brandenburg, in sequestration genommen worden. Neben zur Linken lieget die Evangelische Grafschaft Stollberg, davon unter Carolo VII. die Geuderich: Linie in den Fürstenstand erhoben worden, und noch weiter hinaus Hohnstein, so ausgestorben, und nunmehr zertheilet ist.

Kome sonst nichts in dem Ober Sächsischen Creis vor?

Noch verschiedenes, wovon wir folgendes anmerken wollen. Uber den angeführten drey Herzogtümern in Thüringen ist ein langer schmaler Strich, welcher dem Herzog von Weisenfels gehöret, der auch das gegen Mannsfeld und Hall liegende Fürstentum Querfurt besessen hat. Zwischen Weimar und Gotha lieget die in der Catholischen und Evangelischen Religion gemeinschäftliche Universität Erfurth, welche, mit ihrem District, sowol als das zu äuserst zwischen Nieder Sachsen und Hessen befindliche Eisfeld, unter Chur Mainz stehet. Zwischen Meisen, dem Churcreis, Anhalt, und Mansfeld, ist der sogenante Saalcreis, oder das Fürstentum Hall, so unter Magdeburg, und also, mit diesem Herzogtum, dem König von Preusen, gehöret. Uber Anhalt zur Linken, befindet sich das Stift Quedlinburg, so eine Aebtisin hat. Neben dem Eisfeld, unten zur Rechten, ist Mühlhausen, und, unter der Grafschaft Stollberg, Nordhausen, so zwey Reichs Städte. Endlich sind der Churfürst von Sachsen, und Churfürst von Brandenburg, Creis Directores.

Zwanzigste Lection.
Von dem Nieder Sächsischen Creis.

Frage. Wo lieget der Nieder Sächsische Creis.

Antw. Gleich daneben zur Linken, und hat in sich die Herzogtümer Braunschweig und Lüneburg, woraus nunmehr ein Churfürstentum worden, vier seculariſirte ehemalige Erz- und Biſtümer, Magdeburg, Bremen, Halberſtadt, und Verden, zwey Biſtümer, Hildesheim und Lübeck, und noch drey Herzogtümmer, Meklenburg, Lauenburg, und Holſtein.

Was kommt bey dem Herzogtümmern Braunſchweig und Lüneburg vor?

Sie ſind beede Evangeliſch, und werden von zwey darnach benenten, aber aus einem Haus abſtammenden, Linien regieret. Die ältere hat das Herzogtum Braunſchweig gegen Mittag, worin die Haubtſtadt dieſes Namens ſo ehedem eine freye Reichsſtadt zu ſeyn praetendiret hat, und Wolfenbüttel, welches gemeiniglich die Reſidenz, gleich unter einander, die gemeinſchaftliche Univerſität Helmſtädt aber zur Rechten. Das Herzogtum Lüneburg lieget darüber, bis an Hamburg, und gehöret dem Churfürſten von Hanover, der zugleich König in Engelland iſt. Die Stadt Lüneburg lieget gegen Mitternacht, Hanover, ſo mit ihrem Bezirk ehedem ein eigenes Herzogtum ausgemachet, und die Churfürſtliche Reſidenz darauf geweſen, gegen Abend darunter, an den Hildesheimiſchen Gränzen, und die neue Univerſität Göttingen, in dem auch dieſer Linie gehörigen Herzogtum Grubenhagen, ganz unten in der Spitze zwiſchen Thüringen und Heſſen.

Wo lieget das geweſene Erzbiſtum, und nunmehrige Herzogtum, Magdeburg?

Gegen Morgen unten, über Anhalt, und gehet grofen Theils in die Mark Brandenburg hinein. Die grofe, berühmte, und veſte, Stadt Magdeburg iſt mitten darin an der Elbe. Das ganze Herzogtum, nachdem es in dem Weſtphäliſchen Frieden völlig ſeculariſiret worden, gehöret nunmehr dem König in Preuſen, ausgenommen vier darin liegende Aemter, ſo das Burggraftum Magdeburg ausmachen: unter welchem Namen ſie Chur-Sachſen zuſtehen. Das davon dependirende Fürſtentum Haß iſt in dem Ober Sächſiſchen Creis, darin es angezeiget.

Was iſt bey Bremen zu merken?

Es lieget an der Spitze zur Linken gegen Mitternacht an der Nord See, zwiſchen der Elb und Weſer. Die Stadt Bremen lieget ganz unten an der Weſer, praetendiret aber eine Reichsſtadt zu ſeyn: hingegen, da das ganze Land, und ehemalige Erzbiſtum, in dem Weſtphäliſchen Frieden, als ein weltliches Herzogtum des Reiches, den Schweden zu Theil ward, legeten dieſe ihre Regierung zu Stade, oben bey dem Ausfluß der Elbe, an. In dem lezten Nordiſchen Krieg wurde das ganze Land von Dänemark eingenommen, und an Hanover verhandelt, ſo es noch beſitzet.

Wo lieget Halberſtadt?

Unter Braunſchweig, zwiſchen Magdeburg und Hildesheim, und die Haubtſtadt gleiches Namens mitten darin. Es gehöret aber auch die, unter der Stollbergiſchen Grafſchaft Wernigerode liegende, Grafſchaft Rheinſtein, als ein ehemaliges Lehen davon, dazu, und alles dem König von Preuſen als ein weltliches Fürſtentum.

Wo Verden?

Gleich neben Bremen zur Rechten. Es hat gleiche fata mit Bremen, nebſt dem es, als ein vorheriges Biſtum, unter Schweden, und nun, auf eben die Art, unter Hanover, gekommen, welches die Urſache, warum wir deſſen ſie gleich gedenken, da es ſonſt zu dem Weſtphäliſchen Creis gehöret. Biß hieher iſt alles Evangeliſch.

Wo das Biſtum Hildesheim?

Zwiſchen Lüneburg, Braunſchweig, und Halberſtadt, und die Haubtſtadt mitten darin etwas gegen Norden. Dieſe iſt in der Religion untermenget, praetendiret auch ſonſt viele Freyheiten.

Wo das Biſtum Lübeck?

Uber der unten vorkommenden Reichs Stadt dieſes Namens. Es iſt ganz Evangeliſch, und muß allezeit ein Holſteiniſcher Prinz Biſchoff davon ſeyn, welcher ſeine Reſidenz zu Eutin hat.

Wo

Wo lieget das Herzogtum Meklnburg?

Oben, zu äuserst gegen Morgen, an Pommern. Es sind nunmehr zwey Linien darin: die Haubelinie schreibet sich von Schwerin, welche Stadt, an dem See dieses Namens, etwas gegen Abend, gleichwie Gultro v. die ehemalige residenz einer abgestorbenen Linie, weiter gegen der rechten Hand, lieget. Die Residenz der andern, davon benennten, Linie ist Strelitz, zur Rechten, gegen Mittag, an den Brandenburgischen Gränzen. Auch gegen Morgen, oben an der Ost-See, lieget Rostock, so eine Universität hat, und zur Linken an der See Wismar, das Schwedisch ist.

Wo lieget das Herzogtum Holstein?

Zu oberst, wo der Isthmus angehet, an welchem Schleswig, und Jütland als eine Halb Insul, hänget. Das ganze Land ist in 4. Provinzen getheilet: 1. Holstein in der Mitte, 2. Wagrien zur Rechten, 3. Dithmarsen zur Linken, und 4. Stormarn unten: die Hälfte davon hat die Königlich Dänische Linie, die andere die Herzoglich Holsteinische, so, damal als sie noch einen Antheil an Schleswig hatte, die Gottorpische genennet wurde. Jene ist wieder in verschiedene Linien zertheilet: von dieser ist nunmehr die Haubstadt Kiel die Residenz, so eine Universität hat, und ganz oben in dem eigentlichen Holstein, bey den Schleswigischen Gränzen, an einem Bay der Ost-See, lieget. Der regierende Herzog war der letzt verstorbene Czaar Peter III. welchem nunmehr dessen Prinz, der jetzige Grosfürst, succediret.

Wo lieget endlich Lauenburg?

Dieses Herzogtum, welches sonst seinen Sitz vor Holstein hat, itzmehr aber, da die vorherigen eigenen Herzoge zu End des vorigen seculi ausgestorben sind, nach grosen noch nicht beygelegten Strittigkeiten, unter Hanover gerathen, lieget über Lüneburg, zwischen Holstein und Meklenburg in der Spitze, und die Haubstadt gleiches Namens unten an der Elbe.

Was kan man sonst noch in diesem Creis anmerken?

Die Creis-Directores sind Magdeburg oder Bremen alternative, und Braunschweig Lüneburg. Die vortreffliche Reichsstadt Hamburg, welcher aber der König von Dänemark, als Herzog von Holstein, ihre Reichs immediatät strittig machet, lieget in Holstein unten an der Elbe, und die auch berühmte Reichsstadt Lübeck weiter hinauf zur Rechten, an den Gränzen von Wagrien und Lauenburg. Die Reichsstadt Goslar endlich unten an den Hildesheimischen Gränzen gegen die Halberstädtischen.

Ein und zwanzigste Lection.
Von dem Westphälischen Creis.

Frage: Was ist in dem Westphälischen Creis zu merken?

Antw. Er lieget wiederum an dem Nieder Sächsischen zur Linken, und kommen darin gar vielerley Stände vor: daher wir etwas kurz gehen müsen. Die vornemsten sind das Herzogtum Westphalen, vier geistliche Fürstentümer, die Jülich und Clevischen Lande, und zwey kleine Fürstentümer.

Wo lieget das Herzogtum Westphalen?

Unten zur Rechten an den Hessischen Gränzen, und gehöret zu dem Churfürstentum Cölln; jedoch auch, da es in die Grafschaft Arensberg gegen Abend, und das Sauerländ gegen Morgen, eingetheilet wird, ein guter Theil von dem letzern nach Preusen.

Welche sind die geistlichen Fürstentümer?

1. Das Bistum Münster, welches zwar den beeden folgenden auf dem Reichstag nachsitzet, aber eines der vortrefflichsten und mächtigsten in Teutschland ist: die Haubtstadt mitten in dem untern Theil war ehedem eine Reichsstadt. 2. Das Bistum Paderborn;

born über Westphalen zur Rechten. 3. Das Bistum Osnabrück, mitten in dem Creis, hat wechselsweis einen Catholischen und Evangelischen Bischoff, davon der letzere jederzeit aus dem Braunschweig Lüneburgischen Haus muß genommen werden. 4. Die gefürstete Abtey Corvey an dem Paderbornischen gegen Nieder Sachsen.

Was hat es mit den Jülich und Clevischen Landen für Bewandtnis?

Der Successions-Streit darin ist noch nicht ausgemachet. Unter den Competenten ist das gesamte Haus Sachsen aus mehr als einem principio nicht der geringste. Sie liegen meistentheils um den Rhein, und sind 1. das Herzogtum Jülich, über Westphalen und dem Churfürstenthum Cöln hinaus an den Niederlanden, gehöret Chur Pfalz, 2. das Herzogtum Cleve, an dem Rhein, wo er in die Niederlande gehet, worin, nebst Cleve selbst, Wesel, und die Universität Duisburg, gehöret an Preusen, 3. das Herzogtum Bergen, darunter an dem Rhein, hat die Hauptstadt Düsseldorf, und gehöret an Pfalz, 4. die schöne Grafschaft Mark, gleich darüber, gehöret nach Preusen, 5. die Grafschaft Ravensberg, ziemlich entfernet unter dem Fürstentum Münden, gehöret auch nach Preusen, 6. die Herrschaft Ravenstein, schon in den Niederlanden an der Maas, zwischen Geldern und Brabant, gehöret Chur Pfalz.

Welche sind die kleinern Fürstenthümer?

Das Fürstentum Minden, gleich neben Osnabrück zur rechten Hand, ein ehmaliges, nun secularisirtes, dem König von Preusen zuständiges, Bistum: und Ost Friesland, oder Aurich, zu äuserst gegen Norden, worin Embden, welche Stadt aber mit dem Fürsten grose Strittigkeiten hat, und die Residenz Aurich darüber. Nunmehr ist das Fürstliche Haus ausgestorben, und Preusen, oder Chur Brandenburg, hat, vermög einer alten Expectanz, den Besitz davon ergriffen.

Was gehöret sonst noch zu diesem Creis?

Nebst der berühmten Reichsstadt Aachen in dem Jülichischen, noch verschiedene Grafschaften, worunter: die schöne gefürstete Grafschaft Oldenburg, oben zwischen Ostfriesland und Bremen, so dem König von Dänemark, dessen Stammhaus sie ist, zustehet: die Grafschaft Hoya, unter Bremen, gehöret meistens nach Hanover, gleichwie auch die Grafschaft Diepholt, daneben zur Linken: die Grafschaft Lingen aber, in dem Nordischen Theil des Bistums Münster, nach Preusen: die Grafschaft Schaumburg, neben Minden an den Hanöverischen Gränzen, ist zertheilet, indem der gröste Theil, worin die Universität Rinteln, Hessen Cassel, das übrige den Grafen von der Lippe, zukommet: die Grafschaft Lippe lieget gleich darunter: und die zusammen gehörigen Grafschaften Bentheim, Tecklenburg, und Steinfort, zwischen dem Münsterischen.

Ist sonst nichts dabey zu merken?

Lüttig und Wehrden werden auch noch dazu gerechnet: jenes ist in den Niederlanden, dieses, wegen der connexion mit Bremen, bey Nieder Sachsen, angemerket worden. Die Religion ist, nach den angemerkten Herrschaften, sehr untermenget: und die Directores sind der Bischoff von Münster, nebst den alternirenden Jülich und Clevischen Herzogen, oder Churfürsten von der Pfalz und Brandenburg.

Zwey und zwanzigste Lection.
Von dem Ober Rheinischen Creis.

Frage. Was muß bey dem Ober Rheinischen Creis betrachtet werden?

Antw. Er fänget sich unten, wo der Rhein aus der Schweiz kommet, an, und erstrecket sich, biß durch Hessen, oben an den Nieder Sächsischen Creis, doch so, daß der Nieder Rheinische, besonders was die Unter Pfalz betrifft, mitten durch gehet. Ehedem gehörete das Elsaß, zwischen Schwaben und Lothringen, nebst dem darin gelegenen Bistum, und der Stadt, Strasburg, auch andern Reichs Städten, dazu: so aber nunmehr an Frankreich überlassen, oder reducirt worden. Jetzt ist die Landgrafschaft Hessen das considerableste Stück davon: doch hat auch das Haus Pfalz ansehnliche Ländereyen darin: so denn sind die geistlichen Fürstenthümer, und nebst diesen die Grafschaften, nicht zu vergessen.

Wo

Wo lieget die Landgrafschaft Hessen?

Ganz oben: so daß sie an den Westphälischen, und Ober-auch Niedersächsischen, Creis stöset. Es regieren darin zwey Haubtlinien: die Casselische, so Reformirt, wiewol der jetzige Landgraf für seine Person Catholisch, deren Antheil oben ist, und die Haubtstadt Cassel gegen Mitternacht und Nieder Sachsen, die Universität Marburg aber gegen Mittag, lieget: und die Evangelisch Darmstädtische, wovon Darmstadt selbst ganz gegen Mittag, unter Frankfurth, und die Universität Giesen gegen Mitternacht gleich unter Marburg, zu suchen ist.

Wo liegen die hieher gehörigen Pfälzischen Lande?

Unter der Chur Pfalz und Trier, da sich insonderheit der Antheil des jetzigen Zwey-brückischen, sonst Birkenfeldischen, Hauses befindet: welches bisher Evangelisch war, doch sind jetzt der regierende Herzog, und dessen Herr Bruder, Catholisch.

Welche sind die geistlichen Fürstenthümmer?

Drey Bisthümmer, 1. Basel zu unterst in der Ecke an der Schweiz, 2. Worms an dem Rhein gegen Darmstadt, 3. Speyer weiter herab, oder den Rhein hinauf. Alle drey Städte gehören den Bischöffen nicht zu: sondern Basel ist ein Schweizer Canton, Worms und Speyer aber sind Reichsstädte. Der erste mus den andern den Rang lassen, ist aber sonst viel considerabler. Hiezu kommet 4. die gefürstete vortreffliche Abtey Fulda, zwischen Hessen und Franken.

Welche sind die Grafschaften?

Es sind deren gar viele: wir merken nur folgende: Nassau, deren Güter zimmlich zerstreuet, vornemlich zwischen Hessen und Trier, liegen, es sind die meisten Linien davon in den Fürstenstand erhoben: Hanau, eine vortreffliche Grafschaft der Stadt Frankfurt zur Rechten, ist aber jetzt, nachdem ihre Grafen, welche auch schöne Güter in Elsas besessen, ausgestorben, an das Haus Cassel, in der Person des damaligen Prinz Wilhelm, hernach regierenden Landgrafen, und, vermög dessen Verordnung, bey nunmehr erfolgtem Hintritt, unmittelbar auf seinen Enkel, oder den ältesten Prinzen des jetzt regirenden Landgrafen, gefallen: Rheingrafenstein, unter Creuznach, mitten in der Pfalz: die Grafen davon schreiben sich die Wild und Rheingrafen, haben auch hin und wieder zerstreute Ländereyen, und sind in verschiedene Linien zertheilet, davon diejenige von Salm in den Fürstenstand erhoben worden: die Grafschaft Leiningen unter Worms, wozu auch noch mehrere Güter unter verschiedenen Linien gehören: Waldeck oben neben Cassel zur Linken, hat auch einen Fürsten. Hatzfeld, das Stammhaus der sonst auch anderswo begüterten Grafen dieses Namens, darunter, auch an dem Westphälischen: Solms, ebenfals zum Theil Fürstlich, noch weiter herab, bey Wetzlar: und Wied, am Rhein zwischen Bonn und Coblenz.

Was ist sonst noch dabey zu merken?

Heitersheim, ganz unten am Rhein, ist der Sitz des Johanniter Ordens Meister in Teutschland: in dieser Gegend ist zur Linken des Rheins der Sundgau, zur Rechten der Brißgau, welche Oestreichisch sind, und auch hieher gerechnet werden: nicht weniger könnte man noch eine schöne Anzahl Rheinischer Prälaten anführen: die Reichsstadt Frankfurth mitten im Hessischen über Darmstadt: Wetzlar, wo das Cammergericht. noch weiter hinauf bey Giesen, dürfen auch nicht vergessen werden. Der District von Hessen gegen Abend und Mittag heiset die Wetterau, derjenige aber zwischen der Pfalz und Lothringen das Westerreich. Die Religion ist bey den kleinern Ständen, auser den geistlichen, sehr untermenget, und Creis Directores sind der Bischoff von Worms, und Chur Pfalz wegen Simmern.

Drey und zwanzigste Lection.
Von dem Nieder Rheinischen Creis.

Frage. Wo heget der Nieder Rheinische Creis?

Antw. An dem Unter Rhein, der Länge nach von den Niederlanden biß an Schwaben. Man nennet ihn auch den Churcreis, weil er haubtsächlich aus vier Churfürstenthümmern bestehet, nemlich den drey geistlichen, Mainz, Trier, und Cöln, so zugleich Erzbisthümmer sind, und der Unter Pfalz.

　　　　　Wo

Wo ist das Churfürstentum Mainz?

Es ist zertheilet, und fänget sich gegen Abend an dem Rhein, zwischen Hessen und der Pfalz, an, wo auch die Haubtstadt Mainz nicht weit von dem Einfluß des Mains, so denn er strecket es sich an die Fränkischen Gränzen, zwischen Wertheim und Erpach, allwo sich eben das vortreffliche Lustschloß Aschaffenburg befindet: dazwischen ist auch die Bergstraße von Heidelberg biß Darmstadt: und des Thüringischen Antheiles habe schon an seinem Ort gedacht.

Wo das Churfürstentum Trier?

Weiter zu Linken an Luxemburg und Cöln. Die Haubtstadt Trier lieget unten gegen Mittag an der Mosel, Coblenz darüber in der Ecke, wo dieser Fluß in den Rhein fället, und die Vestung Ehrenbreitstein, oder Hermanstein, gerad gegen über an dem Rhein zur Rechten.

Wo das Churfürstentum Cöln?

Es ist ein schmaler Strich an dem Rhein, zwischen Jülich an der einen, Cleve und Bergen aber an der andern Seite. Die Stadt Cöln lieget in der Mitte an dem Rhein, ist aber eine freye Reichsstadt, und stehet nicht unter dem Chuefürsten: Bonn hingegen, gegen Mittag an solchem Fluß, ist dessen Residenz, und Kaiserswerth, gegen Mitternacht und Düsseldorf über, eine bekante Vestung.

Wo das Churfürstentum Pfalz?

Unter Mainz und Trier biß an Schwaben, und heiset sonst die untere Pfalz am Rhein. Die Haubtstadt Heidelberg am Neckar: dieser fället bald darauf in den Rhein, und allda befindet sich die jetzige Residenz Mannheim: Bacharach, von Mainz weg zur Linken an dem Rhein, ist wegen des Weines berühmt: gleich darüber liget Simmern, und gegen über zur Linken an der Mosel Veldenz, wovon ehedem eigene Linien benennet gewesen: wiewol sie beede mehr zu dem Ober Rheinischen Creis gerechnet werden.

Ist sonst nichts in diesem Creis zu merken?

Das äuserste Eck gegen Abend, hinter Trier und unter Jülich, heiset die Eifel, worin, nebst einigen andern Ständen, das Herzogtum Aremberg. Die Spitze zwischen dem Rhein und der Mosel, von Coblenz bis in die Unter Pfalz, wird der Hundsrück, der District von da zur Rechten biß an Mainz das Rhingau, oder Rheingau, und der um Heidelberg herum der Creichgau, genennet. Die Religion ist nunmehr meistens Catholisch, und Director ist der Churfürst von Mainz.

Vier und zwanzigste Lection.

Von den Böhmischen Landen.

Frage. Worin bestehen die Böhmischen Lande?

Antw. In 1. dem Königreich Böhmen selbst, in der Mitte oder gegen Abend, 2. in dem vortrefflichen Herzogtum Schlesien gegen Morgen, 3. in der Markgraffschaft Mähren gegen Mittag, und 4. der Markgraffschaft Lausnitz gegen Mitternacht. Alle diese Lande liegen zu äuserst von Teutschland gegen Morgen, zwischen Oestreich und der Mark Brandenburg.

Was ist von Böhmen zu merken?

Es ist in 18. Creise getheilet, welche alle zu erzählen zu weitläufig. Die grose Haubtstadt Prag lieget mitten darin an der Muldau, in dem darnach benenneten Creis: Eger, so auch einem Creis den Namen giebet, in der Spitze, wo Böhmen an Franken, und zwar Baireut, stöset: diesem zur Rechten ist der Elnbogner Creis, worin das berühmte Carlsbad, und das von den alten Thalern bekante Joachimsthal, Königingräz, in dem Creis dieses Namens, so auch eine der besten Städte ist, lieget von Prag aus zur Rechten, an der

Elbe

Elbe, wo sie noch ziemlich schwach ist: und Pilsen, in dem Pilsner Creis, gegen die Ober Pfalz. In dem Land haben gar viele Grafen die schönsten Güter: die Unterthanen sind fast durchgehends leibeigen, und alles ist Catholisch.

Wie wird Schlesien eingetheilet?

In zwey grose Haubttheile, der gegen Mittag heiset Ober Schlesien, und der gegen Mitternacht Nieder Schlesien. Jener hat wiederum 7. Fürstentümer, und zwey freye Herrschaften: dieser 10. Fürstentümer, und 4. Herrschaften. In Ober Schlesien ist das kleine Fürstentum Jägerndorf, gegen Mähren zu, wegen der ehmaligen Preusischen Prätension darauf, zu merken: eine Strecke davon ist das Fürstentum Grotkau oder Neise, so jederzeit einem Bischoff von Breßlau gehöret. In Nieder Schlesien befindet sich unter andern das Fürstentum Breßlau. Die vortreffliche Handelsstadt dieses Namens, an der Oder, ist die Haubtstadt von ganz Schlesien, aber eine Freystadt, und Evangelisch: derselben gegen Norden lieget Liegniz, und gegen Mittag Brieg: diese beeden Herzogtümer hatten ehedem, wie mehrere, ihre eigenen Herzoge, nach deren Absterben sie von Böhmen eingezogen worden, worüber bereits der vorige Krieg mit Preusen entstanden. Das Herzogtum Crossen befindet sich an der Oder an Brandenburg, dahin es schon lang gehöret: Oels über Breßlau, jenseit der Oder, hat seine eigenen Herzoge aus dem Haus Würtemberg. Das ganze Land stunde sonst unter Böhmischer Oberherrschaft: verschiedene Fürstentümer und Herrschaften aber stehen unter eigenen Herren, so sie zur Lehen tragen: und die Religion ist in Ober Schlesien grösten Theils Catholisch, in Nieder Schlesien hingegen mehr Evangelisch.

Was hat es itzt für eine Beschaffenheit mit Schlesien?

Durch die vorigen Kriege, auch Breßlauer, Dreßdner, und nunmehr Hubertsburger Frieden, ist das meiste an Preusen gekommen, bis auf einen schmalen District, gegen Mittag und Abend. Die Gränzen fangen sich unten in Polen, Teschen gegen über, an, und gehen von dieser Stadt gegen Norden, mit dem Olsa, oder Elsa Fluß, fort, bis an Oderberg, wo selbiger in die Oder füllet, von da aber, mit dem Oppa Fluß, gegen Abend nach Troppau und Jägerndorf, und sodenn wieder gegen Norden, durch das Fürstentum Neise, bis Münsterberg. Alles nun was von dieser Gränze gegen Norden lieget, gehöret nunmehr an Preusen: der Rest gegen Mittag aber noch zu Böhmen. Jedoch ist auch die in diesem Königreich selbst gelegene schöne Grafschaft Glaz noch zu dem Preusischen Antheil geschlagen worden.

Wo lieget die Markgrafschaft Mähren?

Uber Oestreich, in der Spize zwischen Böhmen und Schlesien. Es ist das ganze Land Catholisch, und gehöret zu der Krone Böhmen. Der Bischoff von Olmüz hat besondere Prärogativen: und diese Stadt, an der Morau, ist die Haybtstadt, Brünn aber, zur Linken gegen Oestreich, nicht weniger bekant.

Was hat es mit der Lausniz für Beschaffenheit?

Sie gehöret grösten Theils dem Churfürsten von Sachsen. Ehedem war sie ein von der Krone Böhmen dependirendes Lehen: wovon sie aber auch durch die neuen Tractaten befreyet worden. Der Theil gegen Mittag wird die Ober Lausniz, der gegen Mitternacht die Nieder Lausniz, genennet. In jener sind Bauzen an der Spree zur Linken, gegen Dreßden über, Görliz daneben zur Rechten, und Zittau ganz unten an der Spize in den Böhmischen Gränzen, zu merken: in dieser Luben, an der Spree zur Linken, und Guben, daneben zur Rechten: allhie hat auch der König von Preusen, nebst den Reichsgrafen von Solms und Prommiz, einige Pläze. Alles ist Evangelisch.

Zu Ende der Woche soll man die sechs Aufgaben wiederholen.

Fünf und zwanzigste Lection.
Von Frankreich.

Fage. Wo lieget Frankreich.

Antw. Es hat Teutschland gegen Morgen, und Spanien gegen Abend. Die Gröse wird insgemein von Spanien bis zu den Niederlanden 140. und von der Normandie bis in die Provence 180. Meilen gerechnet: welches nicht zu viel: zumal wenn man es auch auf andere Art miessen, und alle conquerirte Lande dazu nehmen will. H Was

Was hat Frankreich für eine Regierung?

Es ist eine souveraine Monarchie, als man wol unter den Christen antrift: denn der König herrschet ganz absolut: die Parlamente, welche, insonderheit das von Paris, sich etwas ehebem heraus genommen, und gern noch zuweilen heraus nehmen möchten, haben alle autoritaet verlohren. Die mächtigsten, vor einigen seculis darin gewesenen, Fürsten sind untergedrücket, ausgestorben, ihre Lande an das Königliche Haus gekommen, und dem Königreich incorporiret, die heutigen Pairs aber nur ein Schatten davon, und bloser Titul.

So gehöret also das ganze Land dem König?

Was etwan zu gedenken wäre, ist von gar keiner importance. Haubtsächlich komt es auf die dem Pabst zuständige Grafschaft Avignon, oder Venaisin, an, in dem Eck zwischen Languedoc, Dauphiné, und Provence, darin lieget Avignon selbst, so ein Erzbistum, unten zwischen Languedoc und Provence, Vaison oben, Cavaillon unten, und Carpentras in der Mitte, so drey Bißthümer sind. Fast mitten darin an der Rhosne lieget das sonst souveraine Fürstentum Orange, mit der Stadt dieses Namens, welches aber nach dem Tod Wilhelmi III. von Engelland an Frankreich gekommen. Das Fürstentum Dombes, so in Bresse, unter Bourgogne, lieget, hat Trevoux, genau bey Lion, zur Haubtstadt: und von Bouillon ist oben bey Lüttig in den Niederlanden gedacht worden.

Besitzet aber der König nicht noch andere Länder?

Von denen neu conquetirten in den Niederlanden, auch Lothringen und Elsas, ist schon geredet worden: FrancheComté, so gewissermassen auch dazu gehöret, wird noch vorkommen. Sonst besitzet Frankreich auch viele Länder und Inseln in WestIndien, wie auch einige Insuln auf der Africanischen Cüste, und einige Vestungen in Asien, wovon wir nach der Hand reden wollen.

Welche sind die grösten Flüsse in Frankreich?

Gegen Norden der Somme Fluß, welcher die Picardie durchfliesset, die Marne, so durch Champagne ihren Lauf nimt, die Seine, so aus Bourgogne durch Paris nach dem grosen Meer ziehet, die Loire, so in Vivarez (in Languedoc) entspringet, und, durch Lionnois und Orleannois, hinter Nantes, sich in das Meer ergiesset, die Rhosne, Rhodanus, so aus der Schweiz kommet, die Garonne, so von dem Pyrenäischen Gebürg entspringet, und über Bourdeaux in das Meer gehet. Uber diese ist in Languedoc der berühmte Canal zur communication zwischen beeden Meeren gemachet worden, welcher sich unterhalb Thoulouse anhebet, und, theils bey Aigde, theils bey Narbonne, in das Mittelländische Meer gehet.

Was für eine Religion ist in Frankreich?

Nunmehr ist die einige Religion, so darin Statt findet, die Römisch Catholische. Die Reformirte hat lange Zeit daneben floriret, auch sich auf viele grose Privilegien, besonders das Edict von Nantes, gegründet. Diese aber sind nunmehr aufgehoben, und durch eine harte Verfolgung annulliret. Wie viele heimlich Reformirte darin sind, will ich nicht zählen: man dultet auch Juden, zu Metz, im Elsas, zu Bajonne, und in dem Päbstlichen zu Avignon.

Wie wird Frankreich eingetheilet?

Auf verschiedene Arten: als in Militair-General-Gouvernements, deren 28. sind, in Generalare oder Intendantschaften, wovon 31. gezählet werden, auch in geistliche Provinzen, Rent Cammern, Parlamente, Pais d'Election, und Pais d'Estat: welche aber alle, theils nicht hieher gehören, theils für einen Anfänger zu weitläuftig sind: da sonst bey denen, die weiter gekommen, besonders die Eintheilung in die 31. Intendantschaften grosen Nutzen hat.

Was ist also der Kürze wegen für eine Eintheilung zu erwählen?

Die allgemeine, wornach sich auch die LandCharten ordentlich richten, nemlich in 12. grose Provinzen, welche auch Gouvernements heisen. Diese sind, bey Isle de France angefangen, und sofern, von der rechten Seite an, immerzu rings herum fortgegangen: 1. Isle de France, 2. Champagne, 3. Bourgogne, 4. Dauphiné, 5. Provence, 6. Languedoc, 7. Lionnois, 8. Guienne, 9. Orleannois, 10. Bretaigne, 11. Normandie, 12. Picardie.

Sechs

Sechs und zwanzigste Lection.

Fortsetzung von Frankreich.

Frage. Was kommet in Isle de France vor?

Antw. Sie lieget, die Picardie ausgenommen, an welche, nebst Champagne, Orleannois, und Normandie, sie gränzet, zu oberst, und heiset Isle de France, weil sie, theils zwischen vielen Flüssen, theils mitten in andern Französischen Provinzen, das, wenigstens ehedem, nicht leicht zu schulden gekommen, lieget. Die Hauptstadt ist die von ganz Frankreich, das weltberühmte Paris, mitten darin an der Seine, welches über das ein Erzbistum hat, und eine grose Universität, wovon die Theologische Facultät, unter dem Namen der Sorbonne, gar berühmt. Sonst lieget darin Soissons, oben zwischen den Gränzen der Picardie und Champagne, Laon noch weiter gegen die Picardie, Nemours unten zwischen Orleannois und Champagne in dem Winkel. Insonderheit von Paris zur Linken das weltberühmte Versailles, gleich hierüber S. Cloud, Meudon hart an Paris, Marli darüber, Compiegne noch weiter hinauf neben Soisson, und Fontainebleau darunter gegen Nemours, so sämtlich oft vorkommende Lustschlösser.

Was ist Champagne?

Sie lieget daneben zur Rechten, zwischen den Niederlanden und Bourgogne. Die Hauptstadt Rheims, so der Ort der Königlichen Krönungen, und einen Erzbischoff hat, lieget oben, nicht weit von Laon, Chalons sur Marne an diesen Fluß, darunter Troyes, auch eine bischöffliche Stadt, noch weiter herab gegen Bourgogne, und Sedain, so ehemal als eine Souveraineté den Herzogen von Bouillon gehöret hat, ganz oben an der Maas, und den Luxembourgischen Gränzen.

Wo lieget Bourgogne?

Gleich darunter, Dijon, die Hauptstadt, oben zur Rechten, Chalons sur Saone an dem Fluß dieses Namens weiter herab. Es gehören aber auch dazu die vor mehr als 100. Jahren von Savoyen eroberte Grafschaft Bresse, unten neben Geneve, worin Bourg, und das oben schon benennte Fürstentum Dombes, worin Trevoux, nicht weit von Lion. Ferner will auch dabey gleich der daneben liegenden Franche Comté, oder Grafschaft Burgund gedenken. Hierin lieget in der Mitte Besançon, so ehedem eine Reichsstadt gewesen, gleichwie der Erzbischoff ein Reichs Fürst, welchen Titel er auch noch führet, und etwas darunter zur Rechten Dole, als sonst die Hauptstadt. Diese Grafschaft heiset Hoch-Burgund, das Herzogtum aber Nieder-Burgund.

Wo Dauphiné?

Wieder darunter an der Grafschaft Bresse. Sie hatte in den alten Zeiten ihre eigene Grafen: wovon der letzte, Humbertus, sie mit dem Beding an Frankreich vermachte, daß der Kron Prinz jederzeit darnach solte genennet werden, Grenoble die Hauptstadt lieget etwas oben zur Rechten. Vienne, ein Erzbistum, zur Linken an der Rhosne, Embrun, ein anderes Erzbistum, unten zur Rechten, Valence, eine Universität, wiederum zur Linken an der Rhosne.

Wo die Provence?

Abermal darunter an dem Mittelländischen Meer. Aix über Marseille, und Arles auf einer grosen Insel der Rhosne, wo sie in das Meer fället, sind zwey Erzbistümmer: jenes ist die jetzige Hauptstadt, dieses hat dem alten Arelatensischen Reich den Namen gegeben: Marseille etwas zur Linken, und Toulon zur Rechten, sind zwey berühmte Häfen.

Wo Languedoc?

Daneben zur Linken, und erstrecket sich an das Pyrenäische Gebürg. Der Theil gegen Gascogne heiset Ober Languedoc, worin die Hauptstadt Thoulouse, ein Erzbistum an den Gascognischen Gränzen, und Montauban, eine ehemalige berühmte Vestung der Hugonoten, gerad darüber: der Theil gegen die Provence heiset Nieder Languedoc, worin das Erzbistum Narbonne, und zur Rechten die Universität Montpellier, beede nicht weit

vom

vom Ufer. Oben gegen Norden an Lionnois iſt die Landſchaft Sevennes, ſo zu Anfang dieſes ſeculi wegen des Aufſtandes gar bekant wurde, und zu unterſt die Graffſchoft Rouſſilon, welche, mit ihrer Haubtſtadt Perpignan, ehedem geraume Zeit nach Spanien gehöret hat.

Sieben und zwanzigſte Lection.

Fortſetzung von Frankreich.

Frage. Was iſt von Lionnois zu merken?

Antw. Sie lieget über Languedoc gegen Norden, und die von ihrer groſen Handlung, auch dem Erzbiſtum, berühmte Haubtſtadt Lion zu äuſerſt an den Gränzen von Dauphiné und Bourgogne: der Diſtrict zur Linken an Guienne heiſet Auvergne, worin Clermont, faſt mitten in der Provinz: oben an Orleannois iſt Bourbonnois mit der Haubtſtadt Moulins: wovon das heutige Königliche Haus das Haus Bourbon genennet wird, weil es dieſen Namen noch als eine Nebenlinie geführet.

Was von Guienne?

Sie iſt, an dem Meer, zwiſchen Spanien und Orleannois, eine ſehr weitläufige Provinz, und daher in gar viele kleine Diſtricte zertheilet: vornemlich heiſet der nordliche Theil wiederum Guienne an ſich, und der ſüdliche Gaſcogne. In jenem iſt die Hauptſtadt der ganzen Provinz Bourdeaux, nicht weit von dem Einfluß der Garonne, in Guienne in dem dritten und engſten Verſtand: in dieſem Bajonne an dem Ufer gegen Spanien. Dieſer Stadt zur Rechten lieget Nieder Navarren und die Provinz Bearnien, worin Pau: hievon ſchreibet ſich der König noch von Navarra: denn das obere und groſe Navarra hat Ferdinandus Catholicus weggenommen, und mit Spanien vereiniget.

Wo lieget Orleannois?

Darüber gegen Norden, erſtrecket ſich aber gar weit, und iſt das gröſte gouvernement unter allen. Es iſt darin Orleans eine ſehr berühmte Stadt, und Univerſität, wo man das beſte Franzöſiſche redet, in dem eigentlich ſo benenneten Orleannois, oben an der Loire, gegen Isle de France; Blois und Tours an eben dieſem Fluß, immer zur Linken fort, jenes in Blaiſois, dieſes in Touraine: Angers in Anjou noch weiter zur Linken: hierüber Maine, worin Mans gegen Morgen, und Majenne in der Ede gegen Normandie und Bretaigne: unter Anjou iſt Poitou, mit der Haubtſtadt Poictiers darin, gegen Morgen: dem zur Rechten Berri, worin Bourges: und noch weiter, an Bourgogne, Nivernois, worin Nevers: Vendosme in der Provinz dieſes Namens, lieget neben Orleans zur Linken: Chartres darüber in Beauſſe an Isle de France, Rochelle, die von den Hugonotten Kriegen ſo berühmte Stadt an der See, und Spitze gegen Guienne, in Pais d'Aunis. Die meiſten dieſer Städte und Diſtricte müſen angemerket werden, weil ſie, jetzt und vor dieſem, vielen der vornemſten Familien, beſonders aus dem Königlichen Haus ſelbſt, den Namen gegeben: auſer dem noch mehrere beyzubringen wären.

Wo lieget Bretaigne?

Neben Orleannois gegen Abend in das Meer hinein, ſo daß es faſt eine halb Inſul formiret, nur ohne Iſthmum. Gegen Morgen heiſet es Ober Bretaigne, und gegen Abend Nieder Bretaigne. Carolus VIII. und ſein Nachfolger Ludovicus XII. haben es, da es zuvor eigene Herzoge gehabt, durch ihre Heyrath an die Krone gebracht. Nantes unten an der Loire iſt wegen des Edictes berühmt: Breſt an dem äuſerſten Vorgebürg, und S. Malo oben nicht weit von den Normandiſchen Gränzen, ſind ſtets vorkommende Häfen.

Was iſt von der Normandie zu merken?

Sie lieget weiter gegen Norden an dem Canal, und hatte in noch ältern Zeiten gleichfals ihre eigenen Herzöge, welche ſich hernach des Königreiches Engelland bemächtigten.

Auch

set der östliche Theil OberNormandie, und der westliche Nieder Normandie. Rouen an
der Seine ist die Hauptstadt davon. Unter den vielen Häfen ist Havre de Grace an einem Vorgebürg der berühmteste. Dieses Vorgebürg ist an dem östlichen Theil, über dem
Ausfluß der Seine: hingegen lieget an dem äusersten westlichen Vorgebürg Cherbourg,
und zwischen beeden Caen, so eine Universität hat.

Wo lieget endlich die Picardie?

Zu oberst gegen Norden an den Niederlanden, ist auch, nebst Isle de France, die
kleineste Provinz unter allen. Die Hauptstadt Amiens lieget in der Mitte, und selbiger
zur Rechten S. Quintin, so wegen einer berühmten Schlacht, auch sonsten in der Historie,
zu merken. An der Nördlichen Spitze, so sich um Arrois biß an Flandern ziehet, sind die
zwey vortrefflichen Häfen, Calais zu oberst, und Boulogne etwas herab.

Acht und zwanzigste Lection.

Von Spanien.

Frage. Wie wird das Königreich Spanien eingetheilet?

Antw. Das Königreich Spanien lässet sich auf verschiedene Art eintheilen, und zwar:
1. in das Königreich Castilien, und in das Königreich Arragonien: 2. in
geistliche und weltliche Provinzen: 3. in den nordlichen und südlichen Theil.
Wir werden aber bey der letzten Eintheilung, als bey der gewöhnlichsten, bleiben.

Wie viel Provinzen liegen gegen Norden oder Mitternacht?

Acht Provinzen, nemlich: Navarra oben an Frankreich, Leon an Portugal, Alt Ca-
stilien zwischen beeden, Arragonien daneben zur Rechten, Gallicien zu äuserst an dem
Meer zur Linken, Asturien oben daneben, Biscaja weiter zur Rechten, und Catalonien
zu äuserst zur Rechten unter Frankreich, wovon die vier erstern ehedessen den Titul eines
Königreichs geführet: wiewol die Spanier heut zu Tag alle 14 Provinzen insgemein
Rojaments nennen.

Welche Provinzen liegen gegen Süden oder Mittag?

Die sechs folgenden: Neu Castilien unter Alt Castilien, Andalusien, oder Vanda-
litien, unten zur Linken an Portugal, Extremadura darüber, Valencia gegen Morgen
unter Catalonien und Arragonien, Murcien darunter zur Linken, Granada weiter zur
Linken zu unterst, wovon die drey letzten auch den Titul eines Königreichs, sowol als die
Insuln Majorca und Minorca zusammen, geführet haben. Diese Insuln heissen die Bas-
learischen: daneben zur Linken sind die Pithuischen, Ivica, und Formentera, alle aber liegen sie unter Catalonien, neben Valencien.

Welche sind die vornehmsten Städte in den Provinzen gegen Mitternacht?

Pampeluna ist die HauptStadt von Navarra etwas oben: Leon in der Provinz dieses Namens ganz oben, nebst der Universität Salamanca weit unten: Burgos in Alt Castilien etwas oben, wie auch Valladolid darunter, und Segovien noch weiter herab gegen
Madrid: Sarragossa in der Mitte, nebst Tarracona ganz zur Linken im Winkel in Ar-
tagonien.

Was liegen ferner für Städte in dem nordlichen Theil von Spanien?

S. Jacob von Compostell, so von der Wallfahrt, und dem Ritterorden berühmt,
in Gallicien etwas gegen Abend, und der Hafen Corunna oben: Oviedo zur Linken, und
Santillana zur Rechten, in Asturien: Bilbao in der Mitte, und St. Sebastian, nebst
Fuentarabia, zur Rechten, alle drey oben an dem Meer in Biscajen: In der grosen und
fruchtbaren Landschaft Catalonien sind die vornehmsten Städte Barcellona unten am
Meer, Gironna zur Rechten im Land, Roses ein schöner Hafen noch weiter oben, Lerida
zur Linken an Arragonien, Tarragona, und Tortosa, beede neben Barcellona zur Linken.

Welche sind die vornehmsten Städte in dem südlichen Theil von Spanien?

In Neu Castilien lieget Madrit, eine grose, wol angebaute, Stadt, und die Hauptstadt
von ganz Spanien, etwas oben zur Linken Toledo, so ehedessen die Hauptstadt gewesen, nun
aber ein reiches, und das vornemste, Erzbistum, darunter die Universität Alcala oder Com-
plut, das Escurial oder Closter S. Laurentii, ein prächtiger Palast und Begräbniß der Kö-

nige

nige in Spanien, jenes lieget gleich bey Madrit zur Rechten, dieses zur Linken, ganz unten aber ist Calatrava, so wegen des Ritter Ordens berühmt.

Welche sind die übrigen Städte gegen Mittag?

Placentia in Extremadura oben gegen Castilien, nebst der Gränz Vestung Badajoz, unten an Portugal, und dem Fluß Guadiana. Alcántara, so auch einen Ritter Orden hat, darüber am Tago, und Albuquerque zwischen beeden lezten: in Andalusien die schöne Handelsstadt Cadix auf einer Halb Insul unten an der westlichen Seite, Gibraltar der berühmte Hafen zu unterst gegen Mittag, den die Engelländer besizen, nebst Sevilien dem Erzbistum zur Linken, und Cordua dem Bistum zur Rechten, so beede mitten im Land an dem Fluß Quadalquivir: Valencia in der Mitte; und Alicante unten an dem Meer, in dem Königreich Valencia. Murcia im Königreich Murcien, wie auch Cartagena ein Hafen darunter: Granada mitten im Land, und Malaga zur Linken am Meer, in dem Königreich Granada: Majorca auf der Insul dieses Namens: und, nebst der Stadt Cittabella, Porto Mahon auf der Insul Minorca, so den Engelländern zugehöret, in dem lezten Krieg zwar von den Franzosen eingenommen, aber nun wieder zuruck gegeben worden.

Neun und zwanzigste Lection.

Fortsetzung von Spanien.

Frage. Welche sind die geistlichen Provinzen in Spanien?

Antw. Deren sind acht, welche so vielen Erzbistümmern unterworfen sind: Toledo, das vornehmste und erste in ganz Spanien, Burgos, Compostell, Sevilien, Granada, Sarragossa, Tarragona, und Valencia, welche vier und vierzig Bischöffe unter sich stehen haben: denn ganz Spanien ist Catholisch, und das grausame Gericht der Inquisition darin eingeführet: dem ungeachtet fehlet es nicht an heimlichen Juden, Mohren, und andern Religionsverwanten.

Welche Flüsse sind in Spanien?

Die vornemsten Flüsse in Spanien, so alle darin entspringen, sind der Minho, der Douro, der Tagus, die Guadiana, und der Quadalquivir, welche in dieser Ordnung untereinander, zum Theil durch Portugal, gegen Abend laufen, und in das grosse Welt meer fallen: da hingegen der Ebro in Catalonien, der Xucar in Valencien, und die Segura in Murcien, oder vielmehr auch noch unten in Valencia, in das mittelländische Meer sich ergiesen.

Was giebt es für Berge in Spanien?

Das Pyrenäische Gebürg, welches Frankreich und Spanien von einander scheidet, und die Asturischen Gebürge: es giebt auch noch andere in dem Königreich Leon, in Extramadura, und in Neu Castilien.

Welche Insuln gehören zu Spanien?

Die vornehmsten Insuln, so Spanien besizet, sind die bey Bayonne gelegenen Insuln in dem grosen Oceano, an den Gränzen von Gallicien, nebst einigen andern, die nicht so ansehnlich: unter die Insuln Majorca, Minorca, und Ibica in der mittelländischen See, deren, insonderheit was Minorca betrift, bereits Meldung geschehen. Spanien besaß auch Sardinien, so aber dem Herzog von Savojen als ein Königreich überlassen worden, und Sicilien, von denen an ihrem Ort bey Italien geredet wird.

Besizet Spanien sonst nichts ausser dem vesten Land?

Spanien hat viele Städte, und einige Insuln, in Africa, viele Insuln in Asien, und ansehnliche Domainen in America, wovon wir nachgehends handeln werden.

Was ist endlich in Spanien für eine Regierung?

Die Monarchische. Wie schon aus obigem erhellet, so waren ehedem vielerley Königreiche darin, welche aber durch Kriege, und vornemlich Heyrathen, zusammen gewachsen, daß nunmehr ein König darüber regieret. Doch bilden sich auch die Grandes und Cortes, oder Stände, gar viel auf ihr Ansehen ein.

Dreyßigste

Dreyßigste Lection.

Von Portugal.

Frage. Was ist Portugal für ein Reich?

Antw. Es ist ein Erb Königreich, welches im sechzehnten seculo unter Spanien gerathen, aber vor mehr als hundert Jahren wieder davon abgerissen worden. Es theilet sich gemeiniglich in zwey, doch gar ungleiche, Haupt Theile, Portugal, und Algarbien, so ehedessen den Titul eines Königreiches geführet, ganz unten.

Was für Provinzen sind in Portugal?

Fünf, nemlich: Entre Duro and Minho, oder Interamnensis, oben zur Linken, Tralos Montes, oder Transmontana, daneben zur Rechten, Beyra unter diesen beeden, Extremadura noch weiter herab ans Meer, und Mentejo; oder Trans Tagana, unten zur Rechten an Spanien.

Welche sind die vornemsten Städte in diesen fünf Provinzen?

Lissabon, ein Erzbistum, und die Residenz, auch Haupt Stadt, in Extremadura und im ganzen Königreich, eine reiche, gute, und volkreiche, Handelsstadt, so aber nunmehr leider durch die Erdbeben fast ganz ruiniret, am Tago Fluß, zwey Meilen von der See. Braga, das vornemste Erzbistum mitten in Interamnenii, Evora auch ein Erzbistum, und Universität, mitten in Alentejo, Porto ein Hafen an dem Ausfluß des Douro, Lamego zur Rechten am Douro, Miranda an eben dem Fluß, aber zu oberst in dem Winkel an Leon, Viseo unter Lamego, Garda dann zur Rechten, Coimbra gegen über zur Linken, eine Universität, Leiria zwischen Lissabon und Coimbra, Portalegro gegen Lissabon ganz zur Rechten bey Albuquerque, Elvas gleich darunter, sind so viele Bistümer.

Sind nicht noch einige Städte in diesen fünf Provinzen bekant?

Darin findet man noch Ponte de Lima ganz oben an der See und Gallicien, Guimaranes gleich neben Braga zur Rechten, Braganza das Stammhaus der jetzigen Könige an den Leonisch-Gallicischen Gränzen, Aveyro an dem Meer zwischen Porto und Coimbra, Castel Branco neben Leiria weit zur Rechten, Setubal ein Hafen unter Lissabon, Olivenza, gerad gegen über zur Rechten, eine Gränz Vestung an Spanien, und Beja unten, mitten zwischen dem Meer und Andalusien.

Was ist in dem Königreich Algarbien zu merken?

Dieses kleine Königreich oder Land, so zu unterst am Meer lieget, hat zur Haupt Stadt Tavira am Meer gegen Mittag: darin sind auch noch das Bistum Faros daneben zur Linken, Lagos ganz zur Linken, Villa Nova darüber, Silves weiter hinauf, und das äuserste Vorgebürg Cabo di St. Vincente.

Besitzet Portugal nicht noch andere Länder?

Es besitzet noch die Insel Madera, nebst einigen andern, wie auch die Azorischen Inseln zwischen Europa und America, einige Plätze in Africa, einige Städte in Asien, und Brasilien in America, woraus es seinen größten Reichtum ziehet.

Was für eine Religion ist in Portugal und Algarbien?

Es ist alles Catholisch, und die Inquisition auch allhie eingeführet: doch werden die Juden nicht nur geduldet, sondern es sind auch die Portugiesischen unter die vornemsten und reichesten Juden in Europa zu zählen. Der drey Erzbistümer, und darunter stehenden 10. Bistümer, in beeden Königreichen, ist schon gedacht worden: nunmehr aber hat Portugal auch einen Patriarchen bekommen, welcher ebenfalls zu Lissabon, neben dem Erzbischoff, residiret.

Zu End der Wochen sollen die sechs letzten Aufgaben verrichtet werden.

Ein und dreyſigſte Lection.

Von Italien.

Frage. Was iſt Italien für ein Land?

Antw. Italien iſt eines der ſchönſten und angeſehenſten Länder in Europa, und ſiehet wie eine Halbinſul aus, maſſen es nur gegen Mitternacht an das Alpenge-burg, und ſonſt von allen Seiten an das mittelländiſche Meer, ſtöſet.

Wie wird Italien eingetheilet?

In drey Theile, nemlich in den Ober Theil von Italien, ſo gegen Norden lieget, in den mitlern Theil, und in den unterſten Theil, ſo gegen Süden lieget, und dieſe drey Haubt-Theile werden wiederum in verſchiedene Staaten und Fürſtentümmer eingetheilet.

Welche Staaten liegen in dem Ober Theil von Italien?

Savojen und Piemont, Montferrat, die Republiquen Genua und Lucca, die Her-zogtümmer Mailand, Parma und Piacenza, Mantua, Modena, und Mirandola, nebſt dem Venetianiſchen. Oder kürzer: drey Republiken, und ſieben Fürſtentümmer.

Was für Staaten liegen in dem mittlern Theil von Italien?

Das Grosherzogtum Toscana, und der Kirchenſtaat, wovon ſonderlich dieſer in ver-ſchiedene Fürſtentümmer eingetheilet wird.

Was für Staaten liegen in dem unterſten Theil von Italien?

Weiter nichts als die Königreiche Neapolis und Sicilien, welche in Anſehung ihres al-ten Ruhms weit conſiderabler ſind, als in Anſehung ihres Umfanges oder ihrer Einkünfte.

Was iſt von den Ländern des obern Italiens zu merken?

Das Herzogtum Savojen, ſo zu oberſt auf der linken Seite, gegen Frankreich und die Schweiz lieget, iſt ein Herzogtum des Römiſchen Reiches, und wird in 6. Theile getheilet, nemlich die Herzogtümer 1. Genevois oben zur Linken, 2. Chablais daneben zur Rechten, 3. Savojen an ſich unten zur Linken, die Grafſchaften 4. Tarentaiſe Savojen zur Rech-ten, 5. Mauriene zu unterſt, 6. die Freyherrſchaft Foſſigni unter Chablais.

Welche ſind die vornemſten Städte darin?

I. In Genevois iſt Anneci ein Biſtum, II. in Chablais Thonon am Genfer See, III. in Savojen an ſich Chamberi die Haubtſtadt des ganzen Herzogtums, auch der Sitz des Parlaments, und gleich darunter Montmelian, eine, zumal ehedem, berühmte Ve-ſtung, IV. in Tarentaiſe Moutiers ein Erzbiſtum, V. in Maurienne S. Jean de Mau-rienne ein Biſtum, und VI. in Foſſigni Cluſe.

Wo lieget Piemont?

Piemont, ein Fürſtentum, lieget darunter gegen Morgen, und Mittag, gehöret auch einem Herrn, welcher nebſt dieſen beeden Staaten, zugleich das Königreich Sardinien be-ſitzet, iſt aber ein ſouveraines Füeſtentum, und beſtehet aus vier Theilen, nemlich dem ei-gentlich ſogenanten Piemont, recht in der Mitte, dem Herzogtum Aoſta zu oberſt, der Grafſchaft Nice zu unterſt, und der Herrſchaft Verceil neben Aoſta zur Rechten.

Welche ſind die vornemſten Städte in Piemont?

I. In Piemont Turin gerad in der Mitte, die Haubtſtadt, Reſidenz des Königes, und ein Erzbiſtum, Jbrea darüber, Pignerol unter Turin faſt in Dauphiné, Mondovi unten zur Rechten gegen Genua, Salucee, ſo den Titul einer Markgrafſchaft hat, wieder zur Lin-ken unter Pignerol, und Aſti zur Rechten neben Turin, auſer dem Land im Montferrati-ſchen, oder vielmehr Mailändiſchen, führet den Titul einer Grafſchaft, II. in Aoſta, Aoſta zu oberſt, III. in Nice, Nice zu unterſt, mit einem Seehafen, und IV. in Verceil auch die Veſtung Verceil oben zur Rechten an Mailand, und Montferrat, in der Ecke.

Was iſt Montferrat für ein Land?

Montferrat iſt ein Herzogtum, ſo ehedeſſen in das Savoiſche und Mantuaniſche ein-getheilet wurde, heut zu Tag aber beſitzet es der König von Sardinien, als Herzog von Sa-vojen, ganz allein. Caſal oben zur Rechten, die Haubtſtadt, iſt ihrer Fortificationen be-raubt: Trino darüber, Alba und Acqui unten, jenes zur Linken, dieſes daneben zur Rech-ten, liegen auch in dieſem Herzogtum.

Zwey

Zwey und dreyßigste Lection.
Fortsetzung von Italien.

Frage. Wie wird die Republic Genua eingetheilet?

Antw. Das Genuesische Gebiet, so auf der einen Seite an das Meer stößet, auf der andern aber den Anfang des Appenninischen Gebürges zur Gränze hat, lieget theils gegen Abend, theils gegen Morgen. Genua eine sehr herrliche und vortreffliche Handelsstadt ist die Haubtstadt darin in der Mitte, und hat einen schönen Hafen an der mittelländischen See. Corsica wird unten vorkommen.

Giebt es in dem Genuesischen keine andere Seedöre?

Darin ist noch zu sehen Savona gegen Abend, so ehemal einen ziemlichen Hafen gehabt, noch weiter gegen Abend Vintimiglia ganz zur Linken, und Albenga dazwischen, als so viele Bißtümmer: über dieses lieget Monaco zu allerdäuserst unter Vintimiglia, und Finale gleich unter Noli, noch in dem Genurisischen; wiewol Monaco, als ein besonderes Fürstenthum unter Französischen Schutz stehet, Finale ehedem Oestreichisch, oder Spanisch gewesen, sobald von Kaiser Carl VI. an Genua käuflich, und nunmehr in dem sogenannten Wormischen Tractat (von Bormio oder Worms in den Graubünden) an Sardinien, über lassen worden: wozu zwar die Republic Genua nicht stimen wollen, jedoch nachgeben müsen.

Was begreife die Republic Lucca in sich?

Diese sehr kleine Republic, so von Genua gegen Morgen an Pisa lieget, hat nichts ansehnliches, als Lucca, woselbst auch ein Bischoff ist. Die Stadt ist ziemlich volkreich, und treibet einen guten Handel.

Wie wird das Herzogtum Mailand eingetheilet?

Dieses Herzogtum, eines der ansehnlichsten in Europa, theilet sich in dreyzehn Territoria oder Länder ein, und diese sind das Territorium von Mailand, von Pavia, von Novara, von Como, von Lodi, von Cremona, von Tortona, von Alexandria, die Grafschaft Anghierre, Laumellina, Bobio, Digevano, und die Thäler von Erßia.

Welche sind die vornemsten Städte in dem Mailändischen?

Darunter zählet man Mailand mitten darin, mit einem guten Castell, welche Stadt groß, reich, stark bewohnt, und mit einem Erzbistum versehen ist, sobenn Pavia gerad darunter, und Como darüber, Lodi neben zur Rechten am Venetianischen, Cremona noch weiter zur Rechten am Parmesanischen, und Tortona etwas unten zur Linken, nunmehr Sardinisch, als soviele Bißtümer in denjenigen Landschaften wovon sie den Namen führen.

Welche sind die übrigen Städte in dem Herzogtum Mailand?

Die übrigen sind Alexandria, ganz zur Linken, ein Bißtum, so dem König von Sardinien zugehöret, gleichwie auch Vigevano über Laumellina, und Valencia die Haubtstadt in Laumellina, über Alexandria, Bobbio ein Bißtum lieget ganz unten an dem Parmesanischen, und die andern führen den Namen ihres Territorii. Bey Gelegenheit der daselbst geführten Kriege, höret man zwar in den Geschichten viele Orte nennen, welche in den bisher beschriebenen Staaten liegen; sie kommen aber auserdem nicht oft vor: sind auch nicht von solcher Erheblichkeit, daß es nöthig wäre damit weitläufig zu seyn: zumal da sie, wegen des Formates, auf der Land-Charte nicht Platz finden.

Wem gehöret Mailand?

Dem Haus Orstreich: doch sind verschieden schöne Districte davon gegen Abend, zumal erst wieder in den neuesten Tractaten, an Sardinien überlassen worden. Die Krone Spanien aber hat ihre Prätensionen, welche sie, gleichwie auf alle Staaten dieses Erzhauses, also insonderheit die Italiänischen, formiret, in den vorigen Kriegen noch nicht geltend gemacht.

Was ist von dem Herzogtum Parma zu merken?

Es ist ein Fürstentum, so in den Herzogtümmern Parma und Piacenza bestehet. Die Haubtstädte darin sind Parma oben zur Rechten an Modena, und Piacenza oben zur Linken an Mailand, zwey Bißtümer, welche schön und volkreich sind. Borgo San Donino auch ein Bißtum, und die Haubtstadt eines andern kleinen Staats, unten zur Rechten zwischen dem Modenesischen und Genuesischen, gehöret auch dem Herzog von Parma zu. Beede Herzogtümmer wurden, mit Florenz, gegen Neapel und Sicilien vertauschet, jedoch in dem Aachner Frieden 1748. an den Spanischen Infanten Don Philipp, und dessen männliche Er-

E

Erben, überlassen: wiewol mit dem Vorbehalt, daß sie, wenn diese ausgehen, oder zu dem Besitz von Neapel und Sicilien gelangen würden, wieder an Oestrich, und zum Theil Sardinien, fallen solten.

Drey und dreyßigste Lection.
Fortsetzung von Italien.

Frage. Was begreift das Herzogtum Mantua in sich?

Antw. Es begreift in sich das sogenannte Herzogtum Mantua selbst, zwischen dem Venetianischen, Modenesischen, Parmesanischen, und Mailändischen, ein ziemlich fruchtbares Land, mit seiner sehr vesten Haubtstadt dieses Namens, etwas oben, sodenn auch die Herzogthümmer Guastalla unten an Modena, und Sablonetta daneben zur Linken, nebst dem Fürstentum Castiglione oben über Mantua, und einigen andern, die nicht so ansehnlich. Die letzbenennten Fürstentümmer gehörten noch dem Haus Guastalla oder Gonzaga, da betritt das Haubt Herzogtum Mantua Oestreichisch, wie es auch jetzt ist, war. Castiglione hat biß diese Stunde seinen eigenen Herrn: Guastalla und Sablonetta aber, so 1746. ausgestorben, sind, auf gleiche Art wie bey Parma erwähnet worden, an den Don Philipp gelanget.

Was begreift ihr unter dem Staat von Modena?

Dieser schöne und fruchtbare Staat, gerad unter Mantua biß an Lucca, wird in die Herzogtümmer Modena zur Rechten, und Regio zur Linken, eingetheilet, nebst den Städten und Bisthümmern gleiches Namens, welche ziemlich schön, und einen guten Handel treiben. Hiezu kommen Carpi und Correggio, oben gleich unter einander, so gleichfals Fürstentümmer sind: das ganze Land aber hat seinen eigenen Herzog.

Was ist das Herzogtum Mirandola?

Es ist ein ziemlich kleiner Staat, oben zur Rechten in der Ecke zwischen Mantua und Modena, worin keine sonderliche Städte sind, als Mirandola eine Vestung, und Concordia, das den Namen eines besondern Herzogthums führet. Der Kaiser hat ihn zu Anfang dieses seculi eingezogen, und an Modena verkaufet.

Welche sind nun die zur Republic Venedig gehörigen Staaten?

Diese Republik, zu oberst in Italien gegen Morgen, eine der ansehnlichsten in Europa, ist sehr weitläufig, und begreift in sich vierzehn Provinzen, wovon sieben gegen Abend, und sieben gegen Morgen, liegen. Venedig ist die Haupt Stadt darin.

Welche Provinzen der Republic Venedig liegen gegen Abend?

Das Bergamasko ganz zur Linken, das Cremasco darunter, das Bresciansche zur Rechten, das Veronesische unten zur Rechten, das Vicentische wieder zur Rechten, das Paduanische ferner zur Rechten, und die halb Insul Rovigo darunter zwischen dem Po und der Etsch, wo sie in das Meer fallen.

Welche sind die vornemsten Städte in diesen Landschaften?

Diejenigen, so ihnen den Namen geben, nemlich: Bergamo, eine ziemlich starke und gute Handel Stadt, Crema, Brescia, Verona, so ziemlich groß, aber nicht sonderlich volkreich, Vicenza, Padua mit einer berühmten Universität, und endlich Rovigo, welche Städte insgesamt jede ihren Bischoff haben.

Welche Provinzen der Republic Venedig liegen gegen Morgen?

Diese sind Dogado, oder das Herzogtum Venedig, bey der Stadt an dem Meer, die Tarviser Marck gleich darüber, il Feltrino dieser zur Linken, il Bellunese zur Rechten, il Cadorino zu oberst an Tyrol, Friull zur Rechten an Crain, und Istrien, eine Halbinsul, so gegen über an dem Venetianischen Meer Busen gegen Morgen lieget.

Welche sind die ansehnlichsten Städte darinnen?

Erstlich die Haupt-Stadt Venedig, so die sonderbarste, schönste, und volkreichste Stadt in ganz Italien: daselbst befindet sich ein Erzbischoff, so den Titul eines Patriarchen führet. Hirvon ist der Patriarch von Aquileja unterschieden, so gleichfals Venetianisch, und daher zu Udine residirt, auch über verschiedene Ländereyen der Republic die geistliche Jurisdiction hat. So denn sind in den übrigen Provinzen, welche auch hier meistens davon benennet sind, Trevigo, Feltri, Belluno, als so viel Bisthümmer, Cadore, Udine im Friaul, und Capo d'Istria, mit einem Bisthum, auf dieser Halbinsul gegen Abend, unter Trieste einem Oestreichischen Hafen.

Bei

Besitzet die Republic Venedig nicht noch andere Länder?

An dem östlichen Ufer des Adriatischen Meeres besitzt sie noch die Morlachia, wovon Zeng die Haubtstadt ist, welche aber dem Kaiser zugehöret, sodenn einen Theil von Dalmatien, worin die zwey Erzbisthümer Spalatro und Zara, und, unten an Griechenland, die Insuln, Corfu, so eine vortreffliche Vestung gleiches Namens, mit einem schönen Haven, hat, Santa Maura, Cefalonia, und Zant, welche alle vier in dieser Ordnung unter einander gegen Morea zu liegen, und jede mit einer Stadt, oder Schloß, so eben denselben Namen träget, versehen ist, nebst noch einigen andern.

Vier und dreyßigste Lection.
Fortsetzung von Italien.

Frage. Welche Staaten liegen in dem mittlern Theil von Italien?

Antw. Diese sind das Großherzogtum Toscana, und der Kirchen Staat, wovon jenes in das Florentinische oben, Pisanische zur Linken, und Sienische zur Rechten, oder unten, eingetheilet wird.

Frage. Welche sind die vornehmsten Städte in dem Großherzogtum Toscana?

In dem eigentlich so genannten Florentinischen lieget Florenz, die Haubtstadt des Herzogtums, mitten in diesem darnach benennten District, so groß, schön, und wolgebauet, auch ein Erzbistum, und eine Universität, hat: zur Linken ist Pistoja, und ganz zur Rechten an dem Kirchen Staat Arezzo. In dem Pisanischen ist Pisa, am Meer unter Lucca, das auch ein Erzbistum, und eine Universität, und Livorno, ein guter und freyer See Hafen, gleich darunter Siena, wiederum zur Rechten mitten im Land, in dem darnach benennten District aber ganz oben, hat gleichfals einen Erzbischoff, und eine Universität. Mitten an der Seeküste, auf einer halb Insul, lieget das Fürstentum Piombino, so seinen eigenen Herrn hat: und zu unterst, neben Castro, der sogenannte Status præsidii, welcher einige Vestungen, und Häfen, in sich begreifet, davon die vornehmsten Orbitello, und Porto Hercole. Dieser Status præsidii gehörete ehedem zu Spanien, und kam, mit Neapel und Mayland, an Oestreich, so denn aber ist er wieder mit Neapel an den Don Carlos überlassen worden.

Was verstehet ihr durch den Kirchen Staat?

Die weltlichen Fürstentümer so der Römische Stuhl besitzet, welche sich zwischen Neapel und Florenz befinden, auch, auf der östlichen Seite, gegen Norden an das Venetianische, und Modenesische, erstrecken, und in zwölf Provinzen bestehen, wovon sechs gegen Norden, und sechs gegen Mittag, liegen.

Welche Fürstentümer des Kirchen Staates liegen gegen Norden?

Diese: I. die Nunciatur von Ferrara zu oberst an Rovigo, ein sehr fruchtbares Land, und ehedem mit Modena vereinigtes, zu End des seculi XVI. aber von dem Pabst eingezogenes, Herzogtum: II. die Nunciatur von Bononien darunter zur Linken, worin alles im Überfluß ist: III. Romagna zur Rechten, in welcher unten die kleine freye Republic St. Marino lieget: IV. Urbino darunter, ein Herzogtum, welches ungesund, und nicht sonderlich fruchtbar ist: V. das Perugianische noch weiter herab, ganz gegen Mittag, mitten im Land, so auch sonst Spoleto, oder Umbrien, heißet, oder genennet, da bisus unten vorkommet, dazu gerechnet wird, und VI. die Marchie s' Ancona daneben zur Rechten am Adriatischen Meer, ein ziemlich gutes Land.

Welche sind die vornehmsten Städte in diesen Fürstentümern?

I. In Ferrara Ferrara selbst, eine große, aber fast unbewohnte, Stadt, und Commachia, eine Vestung und Hafen, daneben am Meer, II. Bologna, eine reiche und gute Handelsstadt, auch Universität, III. in Romagna Ravenna, auch zur Rechten am Meer, eine uralte Stadt, und Rimini darunter am Ufer, IV. in Urbino die Stadt Urbino, so einen Erzbischoff hat, und Pesaro neben am Meer, V. Perugia an den Florentinischen Grenzen, VI. Ancona, und Loretto, gleich unter einander am Meer, welche beyde letztern so wie Bisthümer sind, das allerletzte aber, wegen des allda ligen heiligen Hauses, weltberühmt ist.

Welche Provinzen liegen in dem Kirchen Staat gegen Mittag?

Diese Provinzen sind I. das Orvietano, unter Perugia zu dem Florentinischen, II. das Herzogtum Castro weiter herab am Meer, III. Umbria oder das Herzogtum Spoleto, neben

Perugia, so, wie gedacht, oft dazu gerechnet wird , IV. das Patrimonium Petri mitten am
Meer, V. Campagna di Roma daneben zur Rechten, und VI. Sabina darüber, beede an
Neapel. Wozu man noch Benevento ein Erzbistum in dem Principato oltra , in dem Kö-
nigreich Neapolis, als die siebende, rechnen kan.

Welche sind die vornemsten Städte in diesen sechs letztern Provinzen ?

I. In Orvietano Orvieto, II. Castro, auf welches Herzogtum, nebst der dabey liegenden
Grafschaft Ronciglione, von Parma Anspruch gemachet wird, III. in Umbrien Spoleto,
IV. Viterbo, welches , sowol als Porto und Civita Vechia, in dem Patrimonio Petri gele-
gen, V. sodenn die Stadt Rom, so nicht allein die Haubtstadt in dem Kirchenstaat, und in
der Campagna Romana, sondern auch in der ganzen Catholischen Christenheit, ist, und
VI. Magliano in Sabina.

Was kommet in dem untersten Theil von Italien vor?

Dieser Theil von Italien, so gegen Mittag lieget, bestehet aus den Königreichen bee-
der Sicilien, oder Neapolis, so, als zu dem vesten Land, gleich hieher gehöret, und Sicilien:
welche beede seit 1735. von dem Spanischen Infanten Don Carlos besessen worden. Da
aber dieser nunmehr zu der Spanischen Crone selbst gelanget; so hätte, vermög des Aachni-
schen Friedens, diejenige Veränderung erfolgen sollen, deren oben bey Parma Meldung
geschehen. Allein der neue Spanische Monarch hat sich erkläret, daß er für seine Person
niemal an dem besagten Frieden Theil genommen, und daher Neapel und Sicilien auf seinen
dritten Prinzen übertragen: wobey es bisher sein Bewenden gehabt. Neapolis wird aber
in vier grose Provinzen eingetheilet, gleichwie diese wiederum in verschiedene kleinere Landschaften.

Wie heisen die vier grosen Provinzen?

Zwey liegen oben gegen Norden, Abruzzo zur Rechten, Terra di Lavoro zur Linken,
und zwey unten, Apulien zur Rechten, und Calabrien zur Linken, davon jede in drey andere
kleine Provinzen subdividirt wird.

Welche sind die Provinzen, und die Städte, in Abruzzo?

Abruzzo Oltra, oder Aprutium Ulterius, zur Linken an dem Päbstlichen, und Abruzzo
Citra, oder Aprutium Citerius, zur Rechten an dem Golfo, und die Grafschaft Molise hier-
unter gegen Mittag. In der ersten liegen Aquila, Atri, und Teramo: in der andern Civita di
Chieti, Lanciano und Sulmona: und in der Grafschaft Molise lieget Molise, Trivento, und
Isernia.

Was für Städte und Provinzen liegen in Terra Lavoris?

Dieses Land begreift in sich erstlich die sogenante Terra Laboris zu oberst, den Principatum ulteriorem in der Mitte, und Principatum citeriorem zu unterst. Die vornemsten Städte in der eigentlichen Terra Laboris sind, die Haubtstadt Neapolis, eine grose und reiche Stadt
mit einem schönen Hafen, an dem mitteländischen See, Capua darüber, Gaeta ganz gegen
den Kirchenstaat an dem Meer, worüber noch das Fürstentum Fondi: in dem Principatu ul-
teriori sind Monte Marano und Conza, sodenn auch Benevento, ein Herzogtum und Erzbistum, so dem Pabst zuständig: in dem Principatu citeriori sind Salerno und Amalfi.

Was für Länder und Städte häle Apulien in sich?

Die Provinz Capitanata oben, die Terra di Bari in der Mitte, und die Otranto unten
in dem äusersten Vorgebürg, nebst den Städten Lucera und Manfredonia in der ersten,
Bari und Trani in der mitlern, Otranto und Tarento in der untersten.

Was begreift ihr unter Calabrien?

Basilicata Landwerts, wie auch Calabria Citerior in der Mitte, und ulterior zu unterst gegen Sicilien, werden dazu gerechnet: die vornemsten Städte darin sind aber Cisen-
za in der ersten, Cosenza in der andern, Cantazaro, und Reggio, in der dritten.

Fünf und dreysigste Lection.
Fortsetzung von Italien.

Frage. Welche Insuln gehören zu Italien?

Antw. Sicilien, Sardinien, so gleichfals ein Königreich ist, die Insel Corsica, die Liparischen Insuln, die Insuln Elva, und Malta: welchen man Corfu, Santa Maura, Cefalonia, Zante, so aber gegen Griechenland liegen, auch oben
berühret sind, und einige geringere, beyfügen kan.   Wie

Wie wird Sicilien eingetheilet?

Die Insul und das Königreich Sicilien, so zu Neapel gehöret, und beedes zusammen nunmehr wieder seinen eigenen König hat, wird in drey Thäler eingetheilet, und diese sind Val di Demona oben, Val di Majara zur Linken, und Val di Noto unten zur Rechten. Die vornemsten Städte sind, Messina die Haubtstadt an dem freto gegen Neapel, so groß und eine gute Handelsstadt, Melazzo, daneben zur linken, eine gute Vestung und Haven, und Catana, auch ein Haven neben dem Berg Aetna an dem ostlichen Ufer, in Val di Demona: Palermo an dem nordlichen Ufer, heiset auch sonst die Haubtstadt, ist sehr groß, und hat einen guten Haven, Trapani an der äusersten Spize gegen Abend, und Majara, darunter, in Val di Majara: Syracusa, so von dem Altertum berühmt, mitten an dem Ufer gegen Morgen, und Noto an der Spize gegen Mittag, in Val di Noto.

Was begreift die Insul Sardinien in sich?

Dieses Königreich, so heut zu Tag dem Herzog von Savojen zugehöret, theilet sich in das Capo di Logudori gegen Norden, und in das Capa di Cagliari gegen Suden. In dem ersten, oben zur Linken, lieget die Erzbischöffliche Stadt Saffari, und in dem andern ganz unten Cagliari, die Hauptstadt der Insul, nebst einem Erzbistum und See Hafen, auch an dem westlichen Ufer Oristagni, ein ebenmäßiges Erzbistum.

Was hat die Insul Corsica?

Diese den Genuesern, jezt aber noch mit vielen Strittigkeiten, gehörige Insul, theilet ein langes Gebürg schreeg in zwey Theile von einander. Gegen Mitternacht ist Bastia die Hauptstadt, woselbst ein Bischoff und guter Hafen ist, oben zur Rechten, und Calvi, etwas herab zur Linken, auch ein Hafen. Gegen Mittag hingegen liegen Bonifacio und Adjasso, zwey Häfen, jener unten an der Spize, dieser auf der westlichen Küste. Die Insul Capraria, so von Corsica dependiret, gehöret auch den Genuesern, lieget aber über Corsica, gegen Florenz, und dem Hafen Livorno, zu.

Welche sind die andern Insuln in Jtallen?

Die Insul Malta dependiret, nebst der kleinen Insul Gozzo darüber, von Sicilien, worunter sie lieget, gehöret aber den St. Johannes Rittern zu, die Haubtstadt darin, Valetta, ist die stärkste Vestung in der Welt. Auf der Insul Elba, zwischen Florenz und Corsica, ist Porto Longone so zu dem statu præsidii, gleichwie Porto Ferrajo zu Florenz, und die übrige Insul zu dem Fürstentum Piombino, gehöret: und in den Liparischen Insuln, gleich über Sicilien, ist nichts merkwürdiges als Lipari.

Was sind für Berge in Jtalien?

Erstlich scheidet das Alpen Gebürg Italien von Frankreich, von der Schweiz, und von Teutschland. Für das andere ziehet sich das Appenninische Gebürg von dem Norden gegen Süden, und theilet, zumals das obere, Italien in zwey Theile, wovon der eine diesem Gebürg gegen Abend, und der andere gegen Morgen, lieget.

Was für Seen sind in Jtalien?

Die ansehnlichsten sind der Laco Magiore, und der Laco di Como, in dem Mailänbischen, der Laco di Guarda in dem Venetianischen, der Laco die Perugiana, in der Perugia, und die Seen von Celano, von Lesina, und Varone, in dem Königreich Neapolis.

Welche sind die vornemsten Flüsse in Jtalien?

Diese sind der Po, die Etsch, der Tesino, und die Abba, in dem obern Italien, der Arno in Florenz, und in dem Kirchenstaat die Tiber, in dem Königreich Neapolis aber der Garigliano, der Volturno, der Sandelaro, und der Agri.

Sechs und dreysigste Lection.
Von der Europäischen Türkey.

Frage. Was versteht ihr unter der Europäischen Türkey?

Antw. Die Staaten so der Türkische Kaiser in Europa besizet, wovon einige gegen Mitternacht, andere aber gegen Mittag, liegen.

Welche

Welche Provinzen liegen in der Europäischen Türkey gegen Mitternacht?

Deren sind zehn, nemlich die kleine Tartarey, Beßarabien, Moldau, Wallachen, Servien, Bosnien, und Croatien, so denn auch Dalmatien zum Theil, Bulgarien, und Romanien: es sind aber die vier ersten vielmehr nur unter Türkischem Schutz, als daß sie zur Domaine gerechnet werden solten: und Croatien gehöret nun größten Theils zu Ungarn.

Wie liegen diese Provinzen?

Hievon lieget die kleine Tartarey unter Moskau, jenseits des Ponti Euxini, Beßarabien zu oberst disseits, und die übrigen von da an einander immer zur Linken fort bis an Croatien. Hierunter, an dem Ufer, ist Dalmatien, worin die unter Türkischem Schutz stehen de Republique Raguse: Bulgarien ist ein schmaler Strich von Servien an bis an den Pontum Euxinum: und darunter, zwischen diesem und dem Aegeischen Meer, machet Romanien die Spitze aus.

Welche sind die vornemsten Städte in diesen zehn Provinzen?

Diese sind es: Bacciasarai, Or oder Przecop, und Caffa, in der Tartarey, Ozakow, und Bender, in Beßarabien, Jaßi in der Moldau, Tergowist in der Wallachen, Belgrad in Servien, Jaicza in Bosnien, Carlstadt, so aber Oestreichisch, und Wihiz in Croatien, Zeng in Dalmatien, so auch Oestreichisch, Sophia in Bulgarien, Constantinopel, zu äuserst an der obern Meerenge gegen den Pontum Euxinum, die Haubtstadt des ganzen Türkischen Reichs, Adrianopel mitten im Land, und Gallipoli auf einer halb Insul an der untern Meerenge gegen das Aegeische Meer, alle drey in Romanien.

Welche Provinzen liegen in der Europäischen Türkey gegen Mittag?

Die machen das alte Griechenland aus, und sind sieben, nemlich: Macedonien oben zur Rechten an Romanien, Albanien oben zur Linken, Epiro darunter in der Mitte, Thessalonien zur Rechten in der Mitte, Achajen oder Livadia unten, Morea die halb Insul ganz unten, und die dahin gehörigen Insuln.

Welche sind die vornemsten Städte in diesen sieben Provinzen?

Die vornemsten Städte darin sind Salonica, ehedessen Thessalonica, so am Meer lieget, und Agios Laura, in Macedonien: Scutari, und Durazzo, in Albanien: Larta in Epiro: Jannina, und Larissa, in Thessalonien: Attines oder Setines, ehemal Athen, Lepante, Stines oder Thebes, in Livadien: Corinth an dem Isthmo in Morea, Moton, Napoli di Romania, und Malvasia, sämtlich in Morea.

Welche Insuln gehören zu der Europäischen Türkey?

Die ansehrlichsten darunter sind Stalimene, ehedem Lemnos, oben, Negroponto gegen Stives, Metelino sonst Brebus, ehedem Lesbus, und Scio ehedem Chius, an klein Asien, Sciro, und Andro, bey Negroponte, Cerigo, und Candia, oder Creta, unter Morea zur Rechten, nebst verschiedenen andern geringern in dem Archipelago.

Stehen nicht einige Europäische Staaten unter Türkischem Schutz?

Darunter stehet die gedachte kleine Republic Ragusa, so in Dalmatien an dem östlichen Ufer des Abriatischen Meeres lieget, wovon die Haubtstadt ist Ragusa, auch gehört dazu Stagno eine ansehnliche Stadt, nebst einigen Insuln,

Zu Ende der Woche müssen die sechs letzern Lectionen repetiret werden?

Sieben und dreysigste Lection.

Von Asien.

Frage. Wie wird Asien eingetheilet?

Anew in den Theil gegen Mitternacht, und in den gegen Mittag, mit den Insuln, nebst welchen also in allem zehn Theile sind, wovon vier gegen Mitternacht, und sechs gegen Mittag, liegen.

Von der Asiatischen Türkey.

Welche Theile liegen in Asien gegen Mitternacht?

Die Asiatische Türkey, Georgien, Siberien, und die grosse Tartarey. Die erste begreifet

429

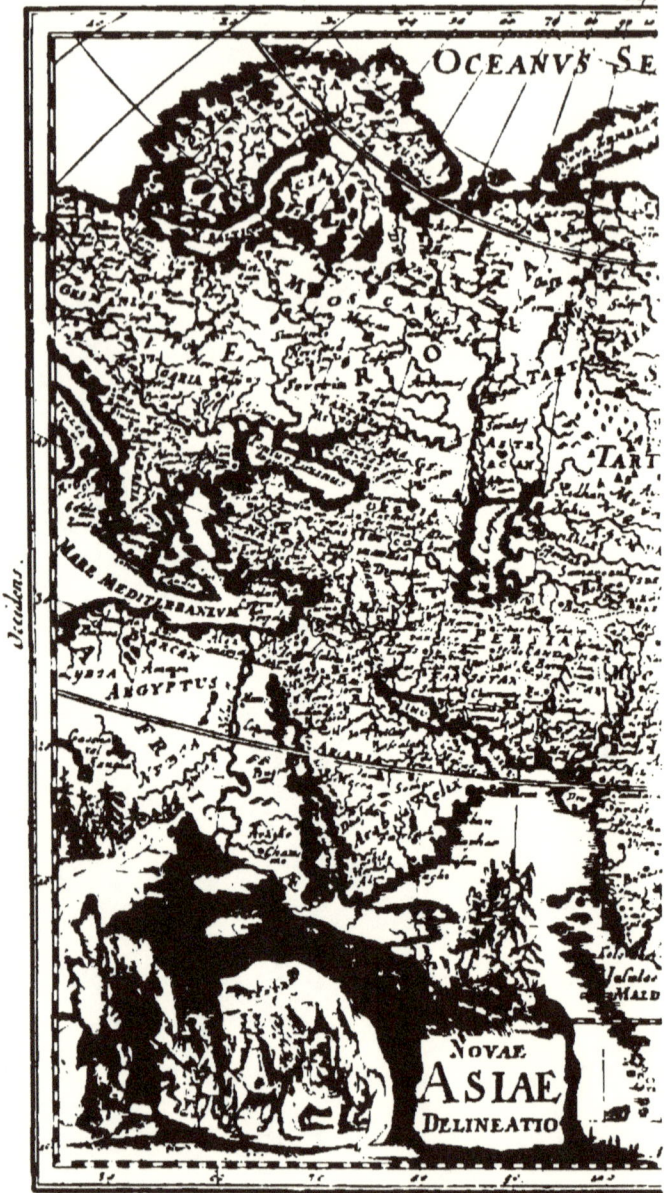

NOVAE
ASIAE
DELINEATIO

Insulæ Marianæ
PHILIPPINÆ
sive sive Latronum
ANTILLES
S. Juliana I. de Paia

greifet in sich vier grose Provinzen, und diese sind Natolien, Sorien, Turcomannien, und Diarbeck.

Was für Städte liegen in diesen vier Provinzen?

Die vornemsten Städte in der Asiatischen Türkey sind, Cutaye, Bursia, Smyrna, Ingoura, Comidia, Ephesus, Sardes, und Troja, in Natolien: Aleppo, Scanderone oder Alexandretta, Antiochia, Damasco, Jerusalem, und Naplousa, in Soria.

Welche sind die andern Städte dieser Länder?

In Turcomannien, oder Armenia majori, sind Erzerum und Teflis: in Diarbeck liegen Diarbekir, Mosul, Bagdad, Balsora, und Schereful.

Was ist Georgien für ein Land?

Georgia, oder Gurgistan, ist ein in viele kleine Landschaften abgetheilter Staat, welcher zwischen dem schwarzen Meer und der Caspischen See lieget. Dessen Länder aber sind Mingrelien, Carduel, und Imerette.

Von Siberien.

Wie wird Siberien eingetheilet?

Siberien, eines der weitläufigsten Länder in dem mitternächtigen Theil von Asien, hält ohngefähr 800. Meilen von Morgen gegen Abend, und 300 von Mitternacht gegen Mittag. Es wird aber in Siberiam Occidentalem und Orientalem eingetheilet.

Was lieget in dem westlichen Theil von Siberien?

Dieser Theil, so zwischen dem Lena und dem Moscowitischen Gebürg lieget, hält dreyerley Völker in sich, nemlich: Heiden, Türkische Tartarn, und Russen.

Welche sind diese verschiedene Völker?

Die heidnischen Völker sind die Samojeden, die Vogulizen, die Ostiacken, die Tungusi, und Buratti, welche man für die alten Einwohner von Siberien achtet. Die Tartarn sind ein Rest von denjenigen welchen die Moscowiter Siberien abgenommen, und die Russen, oder Moscowiter, sind die neuen Einwohner.

Was für Städte sind in diesem Theil von Siberien?

Die Haubtstadt, woselbst der GeneralGouverneur residiret, heist Tobolsk, die andern aber Tomskoy und Jenisea.

Was verstehet ihr unter dem östlichen Theil von Siberien?

Denjenigen Theil welcher von dem Fluß Lena an sich biß an das Orientalische Meer erstrecket. Man muste fast nichts davon, und ist er auf Befehl des Czaars Peter des I. entdecket worden, begreifet aber in sich die Provinz Kamzchatka, so eine Halbinsul formiret.

Acht und dreysigste Lection.
Von der Tartarey.

Frage. Was begreifet ihr unter der Tartarey?

Antw. Die Tartarey, so den grösten Theil von dem mitternächtlichen Asien einnimt, erstrecket sich, von dem Meer bey Zabach, oder Assoff, an, bis an das Orientalische oder Japanische Meer, und hält 1200. Meilen in sich, theilet sich auch in verschiedene Gattungen der Tartarn.

Zeiget uns diese verschiedenen Gattungen der Tartarn an.

Diese sind die eigentlich so genanten Tartarn, die Kalmucken, und Mongalen. Unter den ersten sind mit begriffen, die Circassischen, Daguestanischen, und Kubanischen Tartarn, welche zwischen dem schwarzen Meer bey Assoff, und dem Caspischen Meer, wohnen, und dem Russischen Reich zinsbar sind.

Welche sind die eigentlich sogenanten Tartarn?

Die Nogaischen Tartarn an dem Ausfluß des Wolga Flusses, die Bulgaren, die Casatschischen Horden, die Cara Calpakkischen, die Chivaischen, und Usbeckischen, welche letzten in der grossen Bucharey, oder Charasm, wohnen.

F 2

Welche

Welche sind die vornemsten Tartarischen Städte?

Asoff, die berühmte Vestung und Hafen an dem Ausfluß des Don Flusses in den Pontum Euxinum, oder vielmehr paludem Maeotis, Taman, Petigor, Terti, Tarcou, Astracan bey dem Ausfluß der Wolga in das Caspische Meer, Bulgar, Turkestan, Argens, Samarcanda, so von ihrem alten Stand sehr verfallen, Buchara, und Balk, welche beederseits gros und wol bevestiget sind.

Was verstehet ihr durch die Calmuckischen Tartarn?

Diese sind die heidnischen Tartarn, welche auf der einen Seite von dem Fluß Jaik an, biß an das Reich Ava, und auf der andern Seite biß an Jenisea, sich erstrecken. An den äusersten Gränzen dieser Länder und Staaten wohnet der Dalai Lama, oder oberste Priester der Calmuckischen und Mongalischen Tartarn.

Was für Städte haben diese Art Tartarn?

Da ihr Chan, den sie Contaisch nennen, unter Zelten wohnet; so haben sie auch wenig ansehnliche Städte, ausgenommen in der kleinen Bucharey, woselbst die Hauptstadt Caschgar, nebst Jerken, und Luczin, anzutreffen.

Wer sind denn eigentlich die Mongalischen Tartarn?

Es sind heidnische Tartarn, welche, zwischen dem Orientalischen Meer, der langen Chinesischen Mauer, den Calmucken, und Siberien, am weitesten gegen Morgen wohnen. Ihr Land hat mehr als 400. Meilen in die Länge von Westen gegen Osten, und über 150. in die Breite von Norden gegen Süden.

Giebt es dieser Mongalischen Tartarn nicht verschiedene Sorten?

Es giebt vielerley Gattungen derselben, wovon die zwey vornemsten sind, die Calcha Mongales gegen Westen, und die Nienchen Mongales gegen Osten. Diese letztern haben sich des Königreichs Sina bemächtiget, woselbst sie über 100. Jahre nun regieren.

Neun und dreysigste Lection.

Von dem südlichen Theil von Asien.

Frage. Was begreifet der südliche Theil von Asien in sich?

Antw. Er begreifet in sich Arabien, Persien, das Reich des grosen Mogols, Indien, und China oder Sina, wovon jedes in verschiedene Staaten oder Provinzen eingetheilet wird, nebst den Insuln.

Was ist Arabien?

Arabien ist eine grose Halbinsul, und theilet sich in drey Theile, welche Arabia petraea, Arabia deserta, und Arabia felix, genennet werden.

Was ist von Arabia petraea zu merken?

Sie führet diesen Namen von der Stadt Petra, so ehemals die Hauptstadt war, und heut zu Tag Montreal genennet wird. Die übrigen Städte darinnen sind Tor, Madian, Medina, die Residenz eines Cherifs, Mecca oder Mecha, eine grose Residenzstadt eines andern Cherifs: welche beede letztern wegen der Türkischen Wallfarthen berühmt.

Was ist von Arabia deserta zu merken?

Arabia deserta führet diesen Namen von seinen weitläufigen Wüsten, welche wegen der Dürre des brennenden Sandes nicht können bewohnet werden. Die vornemsten Städte darin sind, Ana am Euphrat, Taulangia, und Tangia, wie auch Balsora an dem Persischen Meerbusen.

Was begreifet das glückselige Arabien in sich?

Viele kleine Länder, nemlich die Königreiche Aden oder Mocha, und des grosen Jamans. nebst den Staaten der Emirs von Dobana, von Mascalat, von Labsa, und bei Catif, welche alle ihre Hauptstädte gleiches Namens haben.

Wie

Wie wird Persien eingetheilet?

Persien ist ein Erbreich, welches vor einiger Zeit ein Ausländer, der so berühmte Koulikan, occupiret hat, und beherschet, von ziemlich grofer Weitläufigkeit, und erstrecket sich 500. Meilen in die Länge von Abend gegen Morgen, und 370. in der Breite von Norden gegen Mittag. Es wird gemeiniglich in zwölf Provinzen eingetheilet.

Wie heißen die zwölf Provinzen in Persien?

Diese zwölf Provinzen, deren sieben gegen Abend, und fünf gegen Morgen, liegen, sind Iram oder Armenien, Adirbeitzan, Kilian, Irack Agem oder Erakacem, Chufistan, Farsistan, und Masandran, gegen Abend: und Chorasau, Kirman, Sablustan, Candahar, und Sitgistan, gegen Morgen.

Welche sind die vornemsten Städte in Persien?

Darunter zählet man Eriwan, Tauris, Derbent, Ispahan eine grofe Handelstadt, und die Haubtstadt in Persien, Sus Schiras, Kirman, Bander Abassi, mit der Stadt und Insul Ormus, und Candahar.

Vierzigste Lection.

Von dem Gebiet des grofen Mogols,

oder

Von Indostan.

Frage. Wie wird das Gebiet des grofen Mogols eingetheilet?

Antw. Das Reich des grofen Mogols, sonst Indostan genant, ist eines der gröften und reichsten in Asien. Ehedessen wurde es in 37. Königreiche, gleichwie heut zu Tag in 19. Gouvernements, eingetheilet, wovon zehn gegen Norden, und neun gegen Süden liegen.

Welche liegen gegen Norden?

Die von Cabul, von Lahor, von Caschemire, von Havuld, von Varaba gegen den Ursprung des Ganges, von Patna, von Multan, von Delli, von Agran, und von Elabaß.

Welche liegen gegen Mittag?

Die von Tatta, von Asmere, von Malova, von Gusurate, von Aurengabad, von Candisch, von Boganola, von Jaganat oder Bengala, und Talengand.

Welche sind die vornemsten Städte in des grofen Mogols Gebiet?

Cabul, Lahor, Caschemire, so die Haubtstädte in ihren Provinzen sind, Delli, die Haubtstadt im ganzen Reich, Elabaß, Tatta, und Asmere, in den Landschaften dieses Namens, Cambaya und Surate, gute Handelstädte in der Provinz Gusuratte, Ougeli, eine gute Handelsstadt, und Bengala, wiewol einige Autores zweifeln, ob auch eine Stadt dieses Namens seye.

Wie wird das übrige Indien eingetheilet?

In das Indien diß und jenseit des Ganges, Indien diffeits des Ganges aber in fünf Theile, welche sind die Königreiche von Visapora oder Cuncan, von Golconda, von Binagar, nebst den Küsten von Malabar, und von Coromandel.

Welche sind die vornemsten Städte darin?

Visapora, eine grofe und volkreiche Stadt, Goa, so den Portugiefen zugehöret, Golconda die Haubtstadt eines Königreichs, und Masulipatan eine gute Handelsstadt, Bisnagar dem König dieses Namens zuständig, Paliacate den Holländern gehörig: gleichwie hingegen Ponticheri auf der Küste von Coromandel den Franzosen gehöret.

Was begreifet Indien in sich jenseit des Ganges?

Dieser Theil von Indien wird in viele Königreiche eingetheilet, als da sind, die von Asem, von Ava, von Pegu, von Aracan, von Siam, so dem Königreich China zinsbar ist, von Camboya, von Tunquin, von Laos, und von Cochinchina.

M Wel

Welche sind die vornemsten Städte in diesen Königreichen?

Azo, Ava, Aracan, Pegu, Siam, Cambona, Recho, und Sinoe, nebst Malacca in einer Halbinsul dieses Namens, so den Holländern zuständig.

Ein und vierzigste Lection.

Von China.

Frage. Was ist das Reich China, oder wie wird es eingetheilet?

Antw. Dieses Reich, so eines der größten und wol policirtesten in ganz Asien ist, wird in das veste Land, in die Insuln, und die Halbinsuli Corea, eingetheilet.

Wie wird das veste Land eingetheilet?

In sechzehn Provinzen, wovon acht an der nördlichen, und acht an der südlichen, Seite des Flusses Kian liegen, als welcher China in zwey fast gleiche Theile scheidet.

Welche Provinzen liegen am nördlichen Ufer dieses Flusses in China?

Die Provinzen Chensi, Chamsi, und Pekeli, welchen die große Chinesische Mauer zur Gränze dienet, so denn die Provinz Leaotung zwischen Pekeli und Corea, nebst Chanton, Souchoen, Honan und Nankin.

Welche Provinzen liegen in China am südlichen Ufer dieses Flusses?

Die Provinzen Hauchan, Kiansi, Chekian, Younan, Quenicheou, Quansi, Canton, und Fokien.

Welche sind die vornemsten Städte dieser sechzehn Provinzen?

Gleichwie das Reich China eines der vollreichsten in der Welt ist; also ist es auch dasjenige worin man die meisten Städte zählet. Wie denn 155. der größten darin seyn sollen, ohne eine unendliche Anzahl Flecken und Dörfer darunter zu begreifen.

Welche sind wenigstens die Haubtstädte solcher Provinzen?

Sigan ist die Haubtstadt in Chensi, Taiyven in Chamsi, Pekin in Pekeli, wie auch dem ganzen Reich, Chinyan in Leaotung, Cinan in Chanton, Chingtu in Souchoen, Caifou in Honan, Nankin, die größte Stadt der ganzen Welt, in der Provinz dieses Namens.

Welche sind die Städte der acht andern Provinzen?

Vuchan, Nanchan, Angcheu, Yunnan, Queiyang, Queilin, Canton eine gute See-und Handelstadt, und Fochuen.

Welche Insuln gehören zu China?

Die ansehnlichsten sind die Insul Hainan, und die Insul Formosa: die erste, so der Provinz Canton gegen Süden liegt, ist sehr fruchtbar: die andere, auf der Seite der Provinz Fokien, ist sehr reich, und hat allen Überfluß.

Was hat es mit der Halbinsul Corea für eine Beschaffenheit?

Sie ist ein ziemlich großes und ansehnliches Reich, so dem Reich China zinsbar, und worin Pingan die Haubtstadt ist.

Zwey und vierzigste Lection.

Von den Asiatischen Insuln.

Frage. Welche Insuln gehören zu Asien?

Antw. Sie liegen entweder im mittelländischen Meer, oder im großen Weltmeer. Die ansehnlichsten in dem mittelländischen Meer sind nicht in großer Anzahl, und gehören alle den Türken zu.

Welche

Welche sind denn die vornemsten Insulin dem Mittelländischen Meer?

Die Insul Copern, die gröste und ansehnlichste, hat Nicosia zur Haubtstadt, Rhodis hat die Haubtstadt dieses Namens, Palmosa, vor Zeiten Pathmos, Scio, Metelina, chedes, sen Lesbos: so zum Theil schon vorgekommen, weil sie auch zu Europa gerechnet werden.

Welche von den Asiatischen Insuln liegen in dem grosen Welt Meer?

Derer ist eine grose Anzahl: die ansehnlichsten aber, wenn man von Westen gegen Osten gehet, sind die Maldivischen Insuln, welche einige Autores biß auf 11. a 1200. stehgern. So denn die Insul Ceylan, welche überaus reich und fruchtbar ist.

Welche sind diese Insuln ferner?

Auser einigen nicht allzuansehnlichen Insuln in dem Meer Busen von Bengala, findet man noch die Insuln de la Sonde, oder die Süd Insuln, unter welchen Sumatra eine der ansehnlichsten Insuln in Asien, welche im Umfang mehr als 600. Meilen hat: auf derselben haben die Holländer viele Vestungen angeleget, sie stehet aber unter dem Scepter vieler kleinen Könige.

Welche sind die andern Süd Insuln?

Unter denen Insuln, die ihren Namen von der Meerenge zwischen der Insul Sumatra und Java haben, so man auf Französisch Detroit de la Sonde nennet, findet man noch, auser der Insul Banco, die Insuln Java, und Borneo. Auf der Insul Java sind Bantam, und Batavia, so den Holländern zugehören. In dieser letztern Stadt hat die Holländische Compagnie den Mittel Punct ihrer Handlung: Borneo ist eine sehr grose reiche Insul.

Welche sind die andern Asiatischen Insuln?

Die Moluckischen, und Philippinischen oder Manillen Insuln, die neu Philippinischen und die Marianen oder Diebs Insuln. Aus den ersten ziehen die Holländer viel Gewürz. Die übrigen gehören den Spaniern zu, welche vermittels derselben ihren Handel nach China treiben.

Gehören die Japanischen Insuln nicht auch zu den Asiatischen?

Allerdings, und sind sie sehr ansehnlich, sowol in Ansehung ihres Reichtums, als auch ihrer Handlung. Die Insul Niphon, so die gröste ist, hat die Haubtstadt Jedo, so zugleich die Haubtstadt in ganz Japan ist: Meaco, ein sehr reiche Handelstadt, war es vor diesem. Ximo und Cicoco sind noch zwey andere Japanische Insuln; nebst einigen kleinern.

Zu End der Woche sollen die sechs letzten Aufgaben repetiret werden.

Drey und vierzigste Lection.

Von Africa.

Frage. Was ist in Africa zu mercken?

Antw. Africa ist einer der grösesten Welt Theile, und fast auf allen Seiten mit dem Meer umflossen, maßen es gegen Norden an dem mittelländischen, auf allen andern Seiten an dem grosen Weltmeer, liegt, ausgenommen bey der Erdenge, oder dem Isthmo von Sutz, wodurch es mit Asien zusammen hänget.

Wie wird Africa eingetheilet?

Africa theilet sich in sechzehn grose Theile ein, welche wiederum in viele andere subbividiret werden. Zehn von diesen Theilen sind dißseit, und sechs jenseits des Aequatoris, oder der sogenanten Linie.

Wie heißen alle diese Theile.

Dißseits der Linie sind; Egypten, die Barbarey, Biledulgerid, Saära, Nigritia.

Guinea, Aethiopien, Nubien, die Küsten von Aber, und von Ajan. Jenseits der Linie lies enghingegen Congo, Caffern, Monomotapa, Monoemugi, Zanguebar, und etliche Inсуln.

Was ist bey diesen Theilen in ihrer Ordnung zu merken?

Das ehedessen so berühmte Egypten, so jetzt von den Türken besessen wird, theilet sich in dem obern, mitlern, und untersten, Theil, welche der Nilus von Süden gegen Norden in zwey Theile scheidet, und durchflieset. Die vornemsten Städte darin sind Send in dem obern, Cairo in dem mitlern, und Alexandria, nebst Mansora, in dem untersten Theil.

Was begreife ihr unter der Barbarey?

Darunter verstehet man die ganze Africanische Küste, welche von Egypten an biß an die Meerenge bey Gibralter, und von dieser biß an die äusersten Gränzen des Königreichs Marocco, an dem grosen Welt Meer, reichet.

Was für Königreiche begreife dieser Theil in sich?

Wenn man von Morgen gegen Abend ziehet; sind darin die Königreiche Barca, Tripoli, Tunis, Algier, Fez, und Marocco, welche alle den Namen ihrer Haubtstädte führen. Spanien besitzet jedoch einige Pläze darin, und unter andern Ceuta und Oran.

Was lieget in Bildulgerid?

Dieses Land, so von der Barbarey durch das lange Geburg Atlas genant abgesondert wird, fasset in sich, von Abend gegen Morgen zu rechnen, Tesset, Darha, Tafilet, Segelmesse, Tegorain, Zeb, Techort, Bildulgerid, und die Wüste Barca.

Was lieget in der Wüste Saara?

Darin lieget Gaoga, Borno, Berdoa, Lempta, Targa, Zuenziga, und Zanhaga, andere Länder so wenig bekant, und worin keine ansehnliche Städte sind.

Was verstehet ihr durch Nigritia?

Nigritia, oder das Land der Schwarzen, ist ziemlich weitläufig, und theilet sich in viele kleine Staaten oder Königreiche ein, wovon die vornemste Städte sind Tombat, Genethoa, Mandinga, und einige andere. Durch dieses Land flieset der Fluß Niger, welcher, ehe er sich in das grose Meer ergiesset, sich in zwey Arme theilet, wovon der gegen Mitternacht Senega genennet wird.

Vier und vierzigste Lection.

Fortsetzung von Africa.

Frage. Was merkt man bey Guinea an?

Antw. Guinea, so sich längst der Küste des Meeres erstrecket, treibet einen grosen Handel mit Gold und Elephanten Zähnen, daselbst haben die Franzosen, Engelländer, Dänen, und Holländer, einige Städte und Bestungen.

Wie wird Aethiopien eingetheilet?

Aethiopien, oder das Mohren Land, so nicht viel bekant, begreift vornemlich Abyssinien, und die Königreiche Galles, Dancal, und Tigrea, in sich, worin die Städte Amba, marjan, Charumo, und Baylur, liegen, worunter die erste die Haubtstadt ist.

Welche sind die drey übrigen disseits der Linie?

Nubien ist sehr unbekant: die Küsten von Aber gegen Arabien, und von Ajan, sind ein wenig besser bekant. Die Städte darin sind Suaquem, so den Türken zugehöret, Brava, Magoboro, und Bandel.

Welche Staaten liegen jenseits der Linie?

Congo, so am Meer lieget, theilet sich in viele kleine Staaten und Königreiche. Daselbst

TOTIUS
AMERICÆ
DESCRIPTIO
NOVA
Norimbergæ
apud P. C. Monath.

selbst wird mit den Schwarzen ein starker Handel getrieben. Die Portugiesen und Holländer haben einige Wohnungen darin.

Was ist durch Caffern zu verstehen?

Caffern lieget gleichfals am Meer, und ist von den barbaresten und tumsten Völkern von Africa bewohnet. Die ansehnlichsten Oerter darin sind das Capo de Buona Speranza, so den Holländern, und Sofala, so den Portugiesen, zuständig.

Was ist von Monomotapa zu merken?

Dieses Land, so von Caffern fast umringet ist, hat den Titul eines Kaisertums, und theilet sich nach einigen in sechs, und nach andern in 25. Königreiche, wovon die Haubtstadt Monomotapa.

Wie heissen die zwey folgenden Staaten von diesen Theil in Africa?

Monoemugi, in dem innern Theil von Africa, ist sehr wenig bekant, und heisset die Haubtstadt darin Chicova. Die Küste von Zanguebar. oder von Mozambique, ist besser bekant, darin findet man die Städte Melinde, Monbasa, Quiloa, und Mozambique.

Welche sind die Insuln um Africa?

Diese liegen entweder in dem Atlantischen Meer, Africa gegen Abend, oder in dem Aethiopischen Meer. Jene sind die Canarien Insuln oben, und die Insuln des grünen Vorgebürges darunter.

Welche sind die ansehnlichsten unter den ersten?

Canaria magna, Teneriffa, worauf der überaus hohe Berg Pico lieget, über welchen die Holländer ihren primum Meridianum ziehen. Im Norden von diesen Insuln ist die ziemlich fruchtbare Insuln Madeea, und gegen Süden die Insuln des grünen Vorgebürges, darunter nur zehn ansehnlich sind.

Was liegen für Insuln in dem Aethiopischen Meer?

Die Insuln Zocotora, Amizante, und einige andere, die nicht weit davon liegen: es sind aber zwey weit ansehnlichere, nemlich Madagiscar, so ohngefähr 800. Meilen im Umfang hat, deren sich die Franzosen bemächtiget, selbige aber wieder verlassen, und Bourbon, so nicht weit davon, und eine der besten Niederlagen der Französischen Compagnie ist.

Fünf und vierzigste Lection.

Von America.

Frage. Was ist von America zu merken?

Antw. America ist der größte Theil der Welt, und wird auch die Neue Welt, oder West Indien, genennet. Nur ist Schad, daß man von den meisten Ländern noch keine gründliche Nachricht hat, und vielmehr die besten Land-Charten und Geographi nicht nur untereinander uneins sind, sondern auch die letzern sich selbst so oft wiedersprechen. Es theilet sich aber in das nordliche und sündliche America, und in die Insuln.

Wie wird das nordliche America ferner eingetheilet?

Dieser Theil der neuen Welt theilet sich wiederum in Alt Mexico oder Neu Spannien, Neu Mexico oder Neu Granada, in Canada oder Neu Frankreich, in Neu Brittannien, und Florida.

Wie wird Alt Mexico ferner subdividiret?

Mexico theilet sich in drey Audienzen oder Gerichte ein, nemlich die von Mexico, der größten und schönsten Stadt in America, und der Haubtstadt in der Provinz dieses Namens, sodann aber in die Audienzen von Guadalaxara, und von Guatimala, mit ihren Haubtstädten gleiches Namens. Jedes von diesen drey Haubt Ländern aber begreifet noch verschiedene andere Provinzen unter sich.

Was begreift Neu Mexico in sich?

Neu Mexico, so wenig bekant, theilet sich in viele besondere Provinzen ein, so mehrentheils von den natürlichen Einwohnern des Landes bewohnet werden. Die Haubt-

N stadt

Stadt aber ist Santa Fe de Granada, und die vornemsten Provinzen: Neu Mexico, Ania, Quivira, Cibola, und die Halbinsul California, welche andere für eine Insul halten, da sie unten vorkommet.

Was verstehet ihr durch Neu Frankreich?

Es ist ein weitläufiges Land in der Gegend des Flusses St. Laurentii, welches in den Theil gegen Osten, und in den Theil gegen Abend, eingetheilet, und auch Missisipi von dem Fluß dieses Namens, oder Louysiana, genennet wird.

Was begreift der östliche Theil von Neu Frankreich in sich?

Ausser dem so genanten Canada, begreift dieser Theil verschiedene Völker in sich, wovon die vornemsten sind die Esquimales, die Christimales, die Hurones, die Algotquini, die Etechemini, und die Iroqnois. Die vornemsten Städte darin sind, die Haubtstadt Quebec, Tobousfac, und Montreal.

Was ist der westliche Theil von Neu Frankreich?

Er ist ein weitläufiges Land an der westlichen Seite des Flusses S. Laurentii, so im Jahr 1697. und in folgenden Jahren, entdecket worden. Es flieset dadurch der Fluß Missisipi, und ist Ludwig dem XIV. zu Ehren nach seinem Namen Louysiana genennet worden. Die vornemste Stadt darin ist die Vestung Orleans. Diese Vestung bleibt, sowol als die Insul worauf sie lieget, noch bey Frankreich: da sonst der gröste Theil des Landes, vermög einer durch den Fluß Missisippi gezogenen Linie, nebst dem ganzen linken Ufer desselben, an Engelland abgetretten ist: gleichwie auch die Spanier alles dasjenige was sie hie besessen an diese Krone überlassen haben.

Was ist Neu-Britannien?

Neu Britannien, so Neu-Frankreich im Norden lieget, ist ein ungebautes Land, so die Engelländer innen haben, und worin sie mit Castor und andern Fellen einen starken Handel treiben.

Besitzen die Engelländer nicht noch andere Länder in America?

Im Süden von Neu Frankreich besitzen sie noch Neu Engelland, welches Carolina, Virginia, Mary Land, Pensilwanien, Neu York, ehedem Neu Holland, Neu Engelland, und Accadia oder Neu Schottland, über welches, und dessen Gränzen, haubtsächlich der letzte Krieg entstunden, in sich begreifet.

Wem gehöret Florida zu?

Diese, obschon nicht auf vielen Charten, doch den besten Beschreibungen nach, ziemlich grose, aber nicht viel bekante, Provinz gehöret zum Theil den Spaniern, und sind ihre vornemsten Städte darin St. Augustinus, und St. Matthäus: doch haben auch die Franzosen und Engelländer ihren Antheil darin: und das meiste ist noch von den Wilden bewohnet.

Sechs und vierzigste Lection

Fortsetzung von America.

Frage. Welche Theile gehören zu dem südlichen America?

Antw. Das südliche America hält acht grose Theile in sich, welche sind Terra firma oder das veste Land, die Provinz Peru, die Provinz der Amazonen, Brasilien, die Provinz Rio de la Plata oder Paraguay, Tucumannien, die Provinz Chili, und Terra Magellanica.

Wie werden diese Theile ferner besonders eingetheilet?

Terra firma theilet sich in sechs Theile, nemlich die Audienz von Panama, von Santa Fe, von St. Dominique, das Land von Paria, Guyana, und Caribana. Die vornemsten Städte sind Panama, Portobello, Santa Fe de Bagota, Carthagena, Aschacha, und Surinam, so den Holländern zugehöret: wiewol die besten Beschreibungen, und auch Charten, Suriname nur für einen Fluß halten, woran die Stadt Neu Middelburg, nebst der Vestung Seeland, lieget. Andere haben auch eine ganz besondere Abtheilung, und bringen zehn Provinzen heraus, so hie zu weitläufig ist.

Was

Was ist in Peru zu merken?

Peru die reichste Provinz in America, längst an dem Mare del Zur, theilet sich in drey Aubienzen, nemlich: die von Lima, sonst de los Royes, von Quito, und von Plata, bey andern Charias genennet. Die vornemsten Städte sind Lima, die Haubtstadt in ganz Peru, Quito, Popayan, so einige zu Terra firma als eine besondere Provinz rechnen, la Plata, und Potosi.

Was versteht ihr durch das Land der Amazonen?

Dieses sehr grose und weitläufige Land ist noch nicht recht bekant, und hält mehr denn 150. verschiedene wilde Völker in sich: was Christlich ist gehöret den Portugiesen zu. Durch selbiges fliesset der Amazonen Fluß, welcher der gröste in der Welt seyn soll.

Was ist von Brasilien zu merken?

Brasilien ist ein sehr weitläufiges Land im Osten von America, zwischen dem Aequatore und Tropico Capricorni. Es gehöret dem König in Portugal, was nemlich die Küsten anbetrift, welcher grosen Reichtum daraus ziehet, und beständig neue Entdeckungen darin machen läst: mitten im Land aber sind die wildesten Einwohner.

Wie wird das Portugiesische Brasilien eingetheilet?

In vierzehn Haubtmanschaften oder Capitanias, welche demnach alle an der Küste liegen. Die vornemsten Städte sind St. Salvator in der Bay aller Heiligen, die Haubtstadt in Brasilien, Olinda oder Fernambuco, Para, Maranhaon, und St. Vincent.

Was ist von dem Land um Rio zu merken?

Dieser Theil, welcher nach einigen Beschreibungen weitläufiger als Brasilien zu seyn scheinet, wird auch Paraguay genant. Ob es schon wenig bekant, wird es doch in sechs Theile eingetheilet, welche sind, la Plata, Charo, Uraguay, Paria, Guaira und Paraguay. Es ist fast alles wild, jedoch die Küste Spanisch, auch etwas weniges Portugiesisch: und die Haubtstädte darin sind Buenos Ayres, San Salvador, Assumtio de la Plata, und Assumtio von Uraguay.

Was komt bey Tucumannien, oder Tuchamannien, vor?

In dieser meistentheils von den Spaniern besetzten Landschaft sind die vornemsten Städte S. Iago del Estero, und S. Miguel.

Was ist von Chili zu merken?

Chili, so sich längst an dem Mare del Sur über den Tropicum Capricorni erstrecket, theilet sich in drey Provinzen, nemlich: Chili, Imperiale, und Chiquito. Die vornemsten Städte sind San Iago, la Conception, Imperiale, Argol, und Osorno.

Wo liegt das Magellanische Land?

Dieses Land, so an der äusersten Spize vom südlichen America gelegen ist, kennet man nur längst den Küsten: es ist dasselbe ganz unfruchtbar: doch haben die Spanier die Stadt Desagnadero, oder Capo de S. Andres, und anderes mehr, darin.

Sieben und vierzigste Lection.
Fortsetzung von America.
Von den Insuln um America.

Frage. Was liegen für Insuln um America?

Antw. Diese Insuln, so in groser Anzahl sind, befinden sich fast alle in dem nördlichen America. Die Insuln in dem Mare del Sur sind California, so sonst für eine Halbinsul, und Landschaft von Neu Mexico, angegeben wird, und einige andere, welche nicht viel bekant, und schlecht bewohnet sind.

Welche liegen in dem Mare del Nord?

Die Azores oder Habichtinsuln, so den Portugiesen zuständig, und Tercera die vornemste darunter: die Bermudes oder Sommerinsuln, so Englisch, und die Canadischen oder St. Johannes Insuln, Terra Nova, Anticost, Cap de Breton, so in den lezten Kriegen berühmt, und nunmehr, nebst allen Insuln in dem Meer Busen, und an dem Fluß Laurentii, an die Egelländer abgetretten worden. Zuvor waren sie meistens, biß auf die Englische

Terra

Terra Nova, Französisch. Die grose Sandbank von Terra Nova ist nicht weit von dieser Insul, und daselbst wird der Cabliau in groser Menge gefangen. Hie ist den Franzosen einige Meilen von dem Land entfernet zu fischen erlaubet, sind ihnen auch auf Terra Nova selbst zu dessen Bequemlichkeit einige Pläze eingestanden, und die Insuln S. Pierre Miquelon vergönnet worden: jedoch unter der Bedingung keine Bestung anzulegen, oder grose Besazung zu halten. Die Spanier aber sind von aller Fischerey ausgeschlossen.

Welche Insuln liegen noch an dem noedlichen America?

Die grosen und kleinen Antilleninsuln. Unter die ersten gehören vornemlich Cuba, St. Domingo, oder Hispaniola, Porto Ricco, und Jamaica. Die erste und dritte gehören den Spaniern, die andere den Franzosen und Spaniern, und die vierte den Engelländern.

Bemerket ihr was besonderes auf der Insul Cuba?

Die Insul Cuba, welche sehr reich und fruchtbar, theilet sich in viele Provinzen, wovon die Haubtstadt Havana oder St. Christofle heiset, welche einen berühmten Hafen hat, woselbst die Spanischen Flotten anländen, wenn sie aus Mexico nach Spanien gehen.

Was hat die Insul St. Domingo besonders an sich?

Diese Insul, welche man auch Hispaniola nennet, theilet sich in den ostlichen und westlichen Theil: in dem ostlichen Theil wohnen die Spanier, in dem westlichen die Franzosen, woselbst sie viel Zucker verarbeiten. Die Haubtstadt St. Domingo gehöret den Spaniern, und der Französische Gouverneur residirt zu Goave.

Wie werden die kleinen Antillischen eingetheilet?

In die Lucayschen und Caribischen.

Was ist von dem Lucayschen Insuln zu merken?

Diese im Norden von Cuba gelegenen Insuln sind in ziemlicher Anzahl: die vornemsten aber die Insul Lucayoneca, die Insul Bahama, Cotoniero, Guanahama, und unzählige andere geringere. Diejenigen so etwas bedeuten sind Spanisch.

Was verstehet ihr durch die Caribischen Insuln?

Sie werden in die Insuln Sotto vento und Bar lo vento eingetheilet, und gehören verschiedenen Europäischen Nationen. Die Franzosen besizen die Insul Martinique, Guadeloupe, St. Martin zum Theil, Mariegalende, nebst einigen andern. Die Engelländer haben Barbados, Tabago, St. Christofle, jezt auch Grenade, und einige andere. Die Spanier sind Meister von St. Lucia und Trinidad. Den Holländern gehören Curosao, Bonayres, und Oruba. Die übrigen sind von schlechter Erheblichkeit.

Was für Insuln liegen am südlichen America?

Derer sind viel weniger als im nordlichen America. Die vornemsten sind Castro und Chiloe, am End von Chili, und die Magellanischen Insuln, von welchen man wenig weis.

Acht und vierzigste Lection.

Von den Ländern unter dem Polo Arctico und Antarctico.

Frage. Was verstehet ihr durch die Terras Arcticas?

Diejenigen Länder welche, unter dem Nordpol der Weltkugel, zwischen dem 72. und 90. Grad Latitudinis septentrionalis liegen. Diese mehrentheils unbekante Länder sind Spizbergen, Grönland, Nova Zembla, und das Land der Compagnie.

Was ist von diesen Ländern bekant?

Spizbergen, so Norwegen im Norden lieget, ist überaus kalt, und daselbst fängt man einige Wallfische. Grönland ist eben so beschaffen, und man weis nicht, ob es eine Insul oder ein vestes Land ist. Nova Zembla scheidet nichts von Europa, als die Meerenge von Wangaz. Das Land von der Compagnie liegt näher an Asien, und ist nichts davon als an der Küste bekant.

Welche

PALÆSTINA
sive
TERRA SANCTA
sicut olim
in Duodecim tribus
et postea
Sub Romanis
divisa fuit

MARE MEDITERRANEUM

MARE MEDITERRANEUM

EDOM

Desertum
Asemona

Desertum
Pharan

vulgo
Munaseir

IDVMÆA

TRIBVS
SIMEON

TRIBVS
DAN

TRIBVS
IVDA

TRIBVS
EPHRAIM

Vallis
Sali
narum

Desertum
Maon

SALSIS

Iekthael

DECAPOLIS
SYRIA
DAMASCI
Damascus
EMATH
SYRIA SOBA
GALILÆA SUPERIOR
Gessuri Regio
Machati Regio
DIMIDIA TRIBVS MANASSE
Terra Hus
GALILÆA
Trans Iordanem
Desertum Bethsaidæ
Gaulonitis Regio
AMMONITARVM REGIO
TRIBVS GAD
Terra Thob
ITVRÆA
TRIBVS RVBEN
MOABITARVM
MADIAN
REGIO
Desertum Zin
OBOTH
ARABIA DESERTA
SAMONA
RAPHVDIM
Vallis Zared
ARABIA PETRÆA

Welche sind Terra Antarctica?

Die Terra Antarctica, oder Australis, so noch unbekanter, ist viel weitläufiger als die unter dem Nord-Pol, und auch noch nicht alles entdecket, auser nur an den See-Küsten.

Was ist denn eigentlich davon bekant?

Neu Guinea so A. 1527. entdecket worden, davon man aber nur einige Flüsse und Vorgebürge recognosciret hat: man weis jedoch, daß der Erdboden daselbst ziemlich fruchtbar ist. Die Terre des Papous hänget entweder an Neu Guinea, oder ist doch nicht weit davon entlegen. Carpentaria zwischen Neu Guinea und Holland.

Was ist ferner davon zu merken?

Die Salomonis Insuln sind, wie man glaubet, Neu Guinea gegen Morgen, und darunter ist Isabella die gröste. Terra Australis Spiritus S. die man für eine Fabel hält. Neu Seeland, wohin man nicht gekommen. Die Insuln de Horn, de Cocos, des Traitres, und des Thiens, sind nicht ansehnlich.

Was liegen noch für Länder dabey?

Wir haben von der Terra del Fuogo, oder von den Magellanischen Insuln, schon geredet. Die Terre des Etats ist ein wenig besser bekant. Die Terra Australis ist öfters entdecket worden, aber nur an den Küsten, wie auch Neu Holland, und einige andere, die man von fernen gesehen, und dahin man nicht gekommen.

Die letzte Woche soll man wiederholen, und, wenn man will, noch wol acht Tage damit zubringen, daß man die nothwendigsten Puncten der Geographie wieder durchgehe.

Anhang.
vom Gelobten Land.

Um den Kindern die Biblischen Geschichten deutlicher vorzustellen, hat man diesem Werkelein auch eine Charte vom Gelobten Land beyfügen wollen, auf welcher folgendes zu merken.

Frage. Was ist das Gelobte Land für ein Land?

Antw. Es lieget an dem äusersten End der mittelländischen See gegen Morgen, und ist eben dasjenige so Josua unter die 12. Stämme Israel getheilet.

Welche sind die angränzenden Länder?

Gegen Abend stöset es an die mittelländische See, gegen Mitternacht an Phönicien und Syrien, gegen Morgen an Ituräa und das wüste Arabien, worin die Ammoniter, Moabiter, und Midianiter, ihr Reich aufgeschlagen hatten, gegen Mittag an das steinige Arabien, Idumea, das tode Meer, und die Wüste Cades.

Wie wird das gelobte Land eingetheilet?

In vier Landschaften.

Wie heisen dieselben?

Judäa disseits des Jordans gegen Mittag, Galiläa gegen Mitternacht, Samaria dazwischen, und Peräa jenseits des Jordans.

Wie werden dieſe vier Landſchaften ferner eingetheilet?

In die zwölf Stämme Iſrael, davon neun dieſſeits des Jordans, gegen Abend, an dem mittelländiſchen Meer, drey jenſeits des Jordans, gegen Morgen, liegen.

Welche liegen dieſſeits des Jordans?

1. Der Stamm Juda gegen Mittag, an ſelbigem lieget, gegen das mittelländiſche Meer zu, 2. Der Stamm Simeon, unter dieſem, gegen Mitternacht, 3. Der Stamm Dan, gegen Morgen, oder über Juda gegen Norden, iſt 4. Der Stamm Benjamin, wie der gegen Norden 5. der Stamm Ephraim. Hierauf kommt der halbe Stamm Manaſſe, hierüber 6. der Stamm Jſaſchar, weiter gegen Norden 7. Der Stamm Sebulon, und über dieſem, zur Linken gegen das Meer, 8. Der Stamm Aſer, zur Rechten gegen den Jordan 9. der Stamm Naphthali.

Was iſt in dem Stamm Juda zu merken?

Bethlehem, wo Chriſtus gebohren, Gaza, Hebron, Asdot, Emaus, das Land Goſen, die Wüſte Ziph. Dieſer Wüſte gegen Morgen lieget das todte Meer, wo Sodom, Gomorrha, Adama, und Zeboim, geſtanden, welche GOtt mit Feuer vertilget hat.

Welche Städte liegen in den Stämmen Simeon und Dan?

Berſabe, und Aſcalon, in jenem, Joppe, und Gath, in dieſem.

Welche in Benjamin?

Nebſt Jericho, Silo, Bethanien, Bethel, und Gilgal, inſonderheit Jeruſalem, die Haubtſtadt des Jüdiſchen Landes, welche der Römiſche Kaiſer Titus Veſpaſianus alſo zerſtöhret hat, daß, nach der Ausſagung des HErrn Chriſti, kein Stein auf dem andern stehen geblieben. Man hat das heutige Jeruſalem an einem andern Ort aufbauen müſen.

Welche liegen in den übrigen Stämmen?

In dem Stamm Ephraim: Samaria und Sichem.
In dem Stamm Jſaſchar: Jeſreel, Caiphas, und der Berg Carmel.
In dem Stamm Sebulon: Tiberias am Galiläiſchen Meer, Bethſaida, Bethulia, Nazareth, wo Chriſtus erzogen worden, und der Berg Thabor, worauf er verklärत worden.
In dem Stamm Naphthali: Capernaum, Cäſarea Philippi oder Dan, und die Gegend der zehn Städte. Es kommen auch in dieſem Stamm die Flüſſe Jor und Dan zuſammen, woraus der Jordan wird.

Welche Stämme ſind jenſeits des Jordans?

Der Stamm Ruben unten gegen Mittag, der Stamm Gad in der Mitte, und der halbe Stamm Manaſſe oben gegen Mitternacht. Die andere Hälfte dieſes letzten Stammes iſt dieſſeits des Jordans vorgekommen.

Was befindet ſich darin zu merken?

In dem Stamm Ruben: Bethabara am Jordan, wo Johannes getaufet hat, Edom, und Bezer.
In dem Stamm Gad: das Land Gilead, Phanuel, und Arnon.
In dem halben Stamm Manaſſe: die Stadt Chorazim, das Königreich Baſan, und das Gebürg Seir.

Ordnung

Ordnung der Lectionen
in der
Kinder Geographie.

E R D E.

Bericht an den Buchbinder.

Die Charten werden gebunden:

www.ingramcontent.com/pod-product-compliance
Lightning Source LLC
Chambersburg PA
CBHW021424090426
42742CB00009B/1250